Anselm Grün

Was soll ich tun?

Das Buch

Ob Beruf oder Partnerschaft, ob akute Sinnkrisen oder Unwägbarkeiten des Lebens. Jeden Tag wenden sich zahlreiche Menschen an ihn – mit Fragen, die auf der Seele lasten, mit ganz konkreten Problemen oder in Konflikten, die unlösbar scheinen. Pater Anselm antwortet allen, die sich an ihn wenden – nie mit einfachen Rezepten, aber oft mit einer überraschend neuen, wohltuenden Sichtweise. Auch in seinem „einfach-leben-Brief" greift er Lebensfragen regelmäßig auf und hilft Menschen in seelischer Not mit seinem Rat. Ob es um lebenswichtige Entscheidungen geht oder um schwierige Beziehungen, ob Mobbing im Arbeitsalltag, Fragen zwischen Eltern und Kindern oder um das Thema Selbstfindung: Das Leben ist nicht einfacher geworden. Und nicht mit jedem kann man sich austauschen. Pater Anselm hat das Vertrauen der Menschen. Und er rät – einfühlsam und doch handfest. Klar und klärend – aus dem Schatz einer großen Lebenserfahrung – und aus dem Hintergrund einer reichen spirituellen Tradition.

Der Autor

Anselm Grün OSB, Dr. theol., Cellerar der Abtei Münsterschwarzach, Geistlicher Begleiter, zahlreiche weltweit erfolgreiche Bestseller. Zuletzt: Das große Buch der Lebenskunst; Einfach leben; Gesund mit Leib und Seele; Verwandle deine Angst; Das kleine Buch der wahren Liebe. In seinem „einfach leben"-Brief antwortet er regelmäßig auf Lebensfragen (vgl. www.einfachlebenbrief.de).

Anselm Grün

Was soll ich tun?

Antworten auf Fragen, die das Leben stellt

Herausgegeben von Anton Lichtenauer

FREIBURG · BASEL · WIEN

HERDER spektrum Band 6330

MIX
Papier aus verantwortungsvollen Quellen
FSC® C106847

Titel der Originalausgabe: Was soll ich tun? Antworten auf Fragen,
die das Leben stellt
© Verlag Herder GmbH, Freiburg im Breisgau 2008
ISBN 978-3-451-29985-8

© Verlag Herder GmbH, Freiburg im Breisgau 2011
Alle Rechte vorbehalten
www.herder.de

Umschlagkonzeption: Agentur R·M·E Roland Eschlbeck
Umschlaggestaltung: Verlag Herder
Umschlagmotiv: © Martin Wagenhan

Innengestaltung: Weiß-Freiburg GmbH, Graphik & Buchgestaltung
Herstellung: fgb · freiburger graphische betriebe
www.fgb.de
Printed in Germany

ISBN 978-3-451-06330-5

INHALT

Einleitung 6

Eltern und Kinder, Familie 12

Beruf und Alltag 42

Selbstfindung,
Selbstsicherheit, Selbstvertrauen 80

Liebe und Partnerschaft,
Beziehungsprobleme 115

Ich und andere 143

Spiritualität und Glaubensfragen 160

Krankheit und Gesundheit 200

Scheitern und Schuld 218

Tod, Sterben, Trauer 236

Schluss 253

EINLEITUNG

Täglich bekomme ich Briefe, in denen Menschen ihre Probleme schildern. Sie wollen, dass ich ihnen eine Antwort gebe. Sie wollen wissen, was sie tun sollen, ganz praktisch. Sie fragen nach Sinn und suchen Hilfe und Orientierung in konkreten Alltagsproblemen. Sie möchten von mir nicht die Lösung ihrer Probleme. Aber sie möchten Denkanstöße haben, damit sie selbst die Lösung finden. Von den vielen Fragen zu schließen, die ich bekomme und die täglich in den Redaktionen von Illustrierten eintreffen, kann man vermuten, dass heute die Orientierungslosigkeit größer geworden ist. Das gilt sicher nicht nur für Einzelne. Manager, die ihre Unternehmen an schnelle Veränderungen im Markt anpassen müssen, holen sich den Rat von Experten ebenso wie Politiker sich in schwierigen Sachfragen durch wissenschaftliche Institute beraten lassen. Es gibt längst nicht nur die „klassischen" Erziehungs- oder Eheberater. Ob Personalberater oder Kundenberater, Stilberater oder Ernährungsberater, Versicherungsberater oder Vermögensberater – Berater haben Konjunktur. Beratung für nahezu alle Lebensbereiche ist inzwischen zum profitablen Dienstleistungsgewerbe geworden und Soziologen haben dafür den Begriff der „Beratungsgesellschaft" geprägt.

Das Leben ist unsicherer geworden, die Biographien oder Entscheidungen von Menschen sind nicht mehr durch Traditionen oder andere Vorgaben bestimmt. Die Welt als ganze ist riskanter, nicht mehr eindeutig und übersichtlich. Der Einzelne wird in der Folge davon immer mehr zum individuellen Gestalter des eigenen Lebens. Die Menschen geraten, so hat es ein Psychologe beschrieben, immer mehr in so etwas wie ein Labyrinth der Selbstverunsicherung, Selbstbefragung und Selbstvergewisserung hinein. Und bei vielen ist das Bedürfnis groß, aus diesem Labyrinth herauszufinden und andere Menschen zu fragen, wie das Leben gelingen kann und was man in einer konkreten Situation tun soll. Sie sind, auf sich allein gestellt, von ihren Schwierigkeiten so in Beschlag genommen, dass sie sie nicht richtig einordnen können in das Ganze des Lebens.

Was sollen wir tun? Diese Frage, die hinter der Suche nach Rat und Hilfe steht, ist allerdings auch nichts Neues. Sie ist eine uralte menschliche Frage und hat schon die griechischen Philosophen bewegt. Es war neben der Frage „Wer bin ich? Was ist das Sein?" die Grundfrage, auf die sie Antwort geben wollten. Der Evangelist Lukas lässt die Leute, die zu Johannes dem Täufer kommen, diese Frage dreimal stellen. Und als Petrus an Pfingsten predigt, trifft es die Zuhörer mitten ins Herz und sie fragen Petrus: „Was sollen wir tun?" (Apg 2,37) Es ist also eine Frage, die wir immer wieder stellen, wenn wir ratlos sind, wenn wir nicht weiterwissen und auch, wenn wir von etwas sehr berührt werden. Dann fragen wir, wie wir mit unserem Leben auf diese oder jene tiefe Erfahrung antworten sollen.

Wenn ich an die griechische Philosophie z.B. eines Sokrates denke, dann bekommt die Frage nach dem rechten Tun für mich etwas Sympathisches. Aber wenn ich die Frage isoliert betrachte, dann taucht in mir die Angst auf, sie sei zu moralisierend.

Von meinem spirituellen und psychologischen Ansatz her ist es erst einmal wichtig, zu fragen: Wer ich bin? Was macht das Geheimnis meines Menschseins und meiner Erlösung aus? Dann erst wird die Frage nach dem Tun wichtig. Das Tun muss aus einer neuen Erfahrung fließen.

Zum andern wehrt sich in mir etwas gegen diese Frage „Was soll ich tun?", weil ich damit allzu einfache Patentrezepte assoziiere, die uns in zahlreichen Ratgeberbüchern gegeben werden. Auf wohlfeile Ratschläge verzichten wir lieber. Und zudem sind Ratschläge, wie schon die Sprache sagt, oft Schläge, die uns gegeben werden.

Das Sprichwort sagt: „Guter Rat ist teuer." Ich will mich also hüten, in diesem Buch billige Ratschläge zu geben: Tipps, die wie ein frommes Pflaster auf die Not des Fragenden geklebt werden oder wie ein Rezept klingen, das ich nur anzuwenden brauche, um ein bestimmtes Ergebnis zu erzielen.

Ein finnisches Sprichwort sagt vom Rat: „Guter Rat ist wie Schnee, je leiser er fällt, desto länger bleibt er liegen." Dieser Satz gefällt mir gut. In diesem Sinn also möchte ich eher leise Antworten auf die Fragen geben, in der Hoffnung, dass das Gesagte länger liegen bleiben und in der Seele der Leser und Leserinnen Wirkung entfalten kann.

Die deutsche Sprache ist voller Weisheit. Sie spricht in einem positiven Verständnis vom Rat und meint damit ursprünglich das, was wir zum Lebensunterhalt notwendig brauchen. In diesem Sinn sprechen wir etwa vom Vorrat oder Hausrat. Erst im abgewandelten Sinn bedeutet dann Rat eine Unterweisung, eine Empfehlung. „Rat" wird aber auch die Gemeinschaft der Beratenden genannt. Mit dem „Ratschlag" assoziieren wir zunächst, dass wir dem Fragenden mit unserem Rat einen Schlag versetzen, also einen wirksamen Impuls geben. Doch eigentlich ist damit gemeint, dass wir einen Beratungskreis schlagen, dass wir den Kreis für die Beratung abgrenzen. Dieses Bild ist mir sympathischer. Ich möchte keine Ratschläge geben, die den Fragenden schlagen, sondern die einen Kreis abgrenzen, innerhalb dessen wir nach einer Lösung suchen können.

Noch lieber als das Wort „Ratschlag" ist mir die Empfehlung. Ich versuche, dem Fragenden eine Empfehlung auszusprechen. Das deutsche Wort „empfehlen" hängt mit „befehlen" zusammen. Dieses Wort hat aber ursprünglich nichts mit „gebieten" zu tun, sondern vielmehr mit: anvertrauen, übergeben. Die religiöse Sprache kennt das Wort noch in diesem Sinn: „Ich befehle meine Seele Gott". Oder wie es im Lied von Paul Gerhard heißt: „Befiehl du deine Wege und was dein Herze kränkt, der allertreusten Pflege des, der den Himmel lenkt." Die Antworten, die ich auf die Fragen gebe, möchte ich dem Leser und der Leserin zum Bedenken anvertrauen, damit sich in ihrem eigenen Herzen eine Antwort auf die Fragen bildet.

In den Antworten, die ich in diesem Buch versuche, habe ich nicht den Anspruch, die Probleme der Fragesteller zu lösen. Aber offensichtlich hilft es fragenden Menschen, wenn jemand ihre Situation aus einer anderen Perspektive heraus betrachtet. Der Perspektivwechsel weitet den eigenen Blick. Oft genügt es in der Tat schon, die Perspektive zu wechseln, um einen

Sachverhalt anders und damit vielleicht auch klarer zu sehen. Und auf einmal können fragende Menschen im Licht einer Antwort, die ein Außenstehender gibt, für sich selbst eine Antwort finden.

Wenn ich antworte, überlege ich nicht lange hin und her, sondern höre in mich hinein, welche Worte in mir auftauchen. Ich weiß, dass ich keine endgültigen Antworten zu geben vermag. Vor allem kann ich die Probleme der Menschen nicht lösen. Die Lösung muss jeder selbst für sich finden. Ich kann nur ein paar Gedanken zu den Fragen formulieren und hoffen, dass die etwas bewirken. Manchmal helfen die Überlegungen eines anderen Menschen, um eine festgefahrene und immer mehr verengte Sicht etwas zu weiten. Denn manchmal ist man von seinen eigenen Schwierigkeiten so in Beschlag genommen, dass man sie nicht richtig in das Ganze des Lebens einordnen kann. Da ist es dann gut, einen Schritt zurück zu machen und vom Abstand her genau hinzusehen, ob man sein Leben nicht doch auch in einem anderen Licht sehen kann.

In meinen Antworten gehe ich von meinen eigenen Erfahrungen aus. Aber natürlich auch von meiner spirituellen Prägung und dem, was ich von Psychologen gelernt habe. Dabei unterscheide ich nicht, ob eine Antwort mehr psychologisch oder spirituell ist. Beides ist mir wichtig: die psychologische und die spirituelle Seite. Ich schreibe das, was mir meine Intuition oder besser gesagt: was mir der Heilige Geist eingibt. Ich vertraue meine Worte dem Fragenden an, damit er mit dem Vertrauen in sich in Berührung kommt. Und ich übergebe ihm meine Worte, damit er sich mit ihnen vertraut macht und sie in seine eigenen Worte verwandelt, sie mit seinem eigenen Leben in Verbindung bringt. Empfehlen meint ursprünglich: zum Schutz anvertrauen. Die Worte, die ich als Antwort auf die Briefe schreibe, sollen den Menschen, der sich bedrängt fühlt von seinen Nöten und Schwierigkeiten, Schutz gewähren. Sie sollen wie ein Haus sein, in dem er in aller Ruhe sein Leben bedenkt und neue Kraft schöpft, um es zu bewältigen.

Bei der Vorbereitung dieses Buches sind mir natürlich Zweifel gekommen, ob ich die Fragen so vieler Menschen benutzen darf, um eine Antwort zu geben. Ich habe die Fragen aus der jeweiligen persönlichen Situation so herausgenommen und verallgemeinert, dass die Person nicht mehr identifizierbar ist. Ich habe einige der an mich herangetragenen Fragen auch in einen größeren Horizont gestellt, damit sie für viele Leser und Leserinnen nachvollziehbar sind. Ich habe auch nicht einfach die Antworten wiederholt, die ich in persönlichen Briefen geschrieben habe. Diese Briefe waren für mich nur der Hintergrund und der Ausgangspunkt, wenn ich im folgenden Antworten formuliert habe, und ich hatte dabei immer Menschen vor Augen, die ähnliche Fragen haben könnten. Ich hoffe also, dass sich viele Leser und Leserinnen in diesem Buch wiederfinden und beim Lesen der Antworten für sich einen Weg entdecken, wie sie auf ihre eigenen Fragen antworten können.

ELTERN UND KINDER, FAMILIE

Wenn man mit anderen Menschen intensiver und näher ins Gespräch kommt, dann werden fast regelmäßig die Beziehung zu den eigenen Eltern thematisiert. Da gibt es Verletzungen in der Kindheit. Und es gibt die Probleme in der gegenwärtigen Beziehung zu den Eltern. Es ist natürlich, dass es Verletzungen gibt. Doch irgendwann sollten wir die Wunden nicht mehr den Eltern vorwerfen, sondern die Verantwortung für unsere Kindheit übernehmen. Sie war so, wie sie war, mit ihren positiven und negativen Erfahrungen, mit den gesunden Wurzeln und mit den Kränkungen, die wir erfahren haben. Es ist unsere Aufgabe, uns mit den Verletzungen auszusöhnen und die Wunden – wie die hl. Hildegard von Bingen sagt – in Perlen zu verwandeln. Gerade dort, wo wir verletzt worden sind, können wir auch unsere persönlichen Fähigkeiten entdecken und entwickeln. Es ist eine Weisheit schon der griechischen Antike, dass nur der verwundete Arzt zu heilen vermag. Denn wer die Schmerzen kennt, ist fähig zum Mitgefühl.

Häufig wirken sich die Verletzungen der Kindheit auch auf die gegenwärtige Beziehung zu den Eltern aus. Nur wenn ich mich ausgesöhnt habe mit meiner Geschichte, kann ich die Eltern so lassen, wie sie sind, ohne ihnen Vorwürfe wegen erlittener Verletzungen zu machen. Damit ich die Eltern lassen und auch ihre guten Seiten sehen kann, muss ich mich zuvor von meinen Erwartungen an die Eltern verabschieden. Wir alle haben die Erwartung an eine ideale Mutter und an einen idealen Vater. Doch diesen Erwartungen entsprechen unsere Eltern nicht. Sie müssen ihnen auch nicht entsprechen. Manchmal müssen wir auch betrauern, dass unsere Eltern so sind, wie sie sind, dass die Mutter kalt ist und der Vater so schwach, dass er uns keinen Halt geben kann. Wenn wir das betrauern, was wir als Defizit an den Eltern erleben, werden wir auch ihre Stärken entdecken. Immerhin haben sie ihr Leben gemeistert. Wir werden neugierig, ihre Lebensphilosophie zu entdecken. Was hat sie getragen? Wie kamen sie mit den Herausforderungen von außen zurecht? Wie haben sie sich arrangiert mit ihren eigenen Verletzungen? Welche Lebenskunst haben sie für sich entwickelt? Das Betrauern befreit uns davon, die Eltern anzuklagen oder uns selbst zu bedauern, dass wir diese Eltern haben. Vielmehr macht es uns neugierig, ihr Leben zu bedenken, ihr Gewordensein, ihre Art und Weise, mit Schwierigkeiten umzugehen, und die Liebe und Sorge anzuerkennen, die sie für die Familie aufgebracht haben.

Ein anderes großes Thema ist die Beziehung zu den eigenen Kindern. Alle Eltern haben den besten Willen, ihre Kinder gut zu erziehen. Aber sie kommen nicht selten an ihre eigenen Grenzen. Sie haben manchmal den Eindruck, dass ihre Kinder ihnen entgleiten, dass sie ganz andere Wege gehen. Dann kommen Schuldgefühle hoch. Gerade in der Erziehung von Kindern und der Begleitung von jungen Menschen erleben wir, dass wir auf den Segen Gottes angewiesen sind. Ob das, was wir für die Kinder tun, wirklich Segen bringt, hängt nicht allein von uns ab. Da bringt es nicht viel, auf die „Autorität" von Erziehungsbücher zu setzen und sich in Vorwürfe zu vergraben, dass man irgendwelchen Idealbildern nicht entspricht. Viel entscheidender ist, Kinder mit aller Sorge und Liebe zu erziehen und dabei auch dem eigenen Gefühl zu trauen. Und viel wichtiger ist, darauf zu vertrauen, dass der Samen, den wir in die Kinder hinein gelegt haben, irgendwann auch einmal aufgehen wird. Und wenn sich die Kinder anders entwickeln, dürfen Eltern darauf vertrauen, dass ihre Kinder einen Engel haben, der sie auf allen Umwegen und Irrwegen begleitet und sie irgendwann auf den Weg führen wird, der für sie stimmt und sie zum Leben bringt.

Wir haben uns immer sehr um unser Kind gekümmert und es gefördert. Schulisch haben wir es mit allem Möglichen probiert, mit Überreden, mit Belohnung, mit teurem Nachhilfeunterricht. Aber mein Kind schafft den Übergang ins Gymnasium nicht. Ich selber stamme aus einfachen Verhältnissen, konnte durch glückliche Umstände studieren und weiß, wie sehr es in unserer Gesellschaft darauf ankommt, „mitzukommen". Natürlich will ich unser Kind keinem allzu großen Druck aussetzen, andererseits kommt man vermutlich ohne Druck auch nicht weiter.

Wie sehr dürfen wir unser Kind fordern?

Jedes Kind ist einmalig und hat seine besondere Begabung. Es muss nicht immer die intellektuelle Begabung sein. Wenn Ihr Kind den Übertritt ins Gymnasium nicht schafft, ist das kein Beinbruch. Es hat vermutlich andere Begabungen, die es zu entdecken und zu fördern gilt. Sie sollten auch die eigenen Erwartungen nicht in das Kind hinein projizieren. Viel hilfreicher ist es, sich in das Kind hinein zu meditieren. Was hat es für Stärken? Wo blüht es auf? Was möchte in ihm fließen? Vertrauen Sie darauf, dass Ihr Kind seinen Weg für sich finden wird, auf dem das Leben gelingt. Das Gelingen muss aber nicht immer so aussehen, wie wir uns das vorstel-

> Entscheidend ist, dass wir uns fragen, was *das Kind* braucht, damit es seine *Begabungen* auch entwickelt.

len. Manchmal gibt es auch Spätzünder, die erst später aufwachen und dann auf das Gymnasium gehen oder andere Kurse belegen, auf denen sie sich weiterbilden. Es gibt viele Wege zum gelingenden Leben. Vertrauen Sie dem Kind und vertrauen Sie, dass Gott seine gute Hand über es hält und dass sein Engel es begleitet und es auf den Weg führt, auf dem es in seine Einmaligkeit und Einzigartigkeit hinein wächst.

Sie sprechen von dem Druck, ohne den wir nicht weiter kommen. Natürlich kann sich Ihr Kind nicht einfach seinen Launen überlassen. Es braucht die Herausforderung. Und es braucht Grenzen, an denen es sich reibt. Ohne Herausforderung und ohne Grenzen wird das Kind nicht wachsen. Aber es ist für die Eltern immer eine Gratwanderung: Wie eng setze ich die Grenzen und wie viel ist von den Kindern zu fordern? Entscheidend ist, dass wir nicht unsere Erwartungen in das Kind hinein legen, sondern uns fragen, was das Kind braucht, damit es seine Begabungen auch entwickelt. Es gibt leider auch Kinder, die ihre schwächere Begabung als Ausrede benutzen und sich einfach nur hängen lassen. Das tut ihnen jedoch nicht gut. Fordern Sie das Kind also heraus, aber so, dass das, was in ihm steckt, wachsen kann. Und glauben Sie an Ihr Kind. Der Glaube lässt es wachsen. Und Sie brauchen die Hoffnung auf das, was Sie noch nicht sehen. Hoffen meint nicht, bestimmte Erwartungen an das Kind zu haben. Ich hoffe vielmehr für das Kind und auf das Kind, dass es das, was noch verborgen in ihm ist, auch entfalten wird. Ihre Hoffnung ist der beste Dünger für den verborgenen Samen, der im Kind aufblühen möchte.

Ich habe in meiner Jugend, vor allem was Sexualität angeht, eine ziemlich rigide und mit vielen Verboten belastete Erziehung „genossen" und leide noch heute darunter. Meinen Kindern möchte ich eine solche angst- und drohungsbesetzte Erziehung ersparen. Sie würden das auch nicht akzeptieren. Und andererseits will ich doch nicht in bloße Beliebigkeit verfallen, die ich allenthalben in unserer Umgebung bemerke.

Wo sollte ich Grenzen setzen?

Sprechen Sie mit Ihren Kindern darüber, was sie über Sexualität denken. Und dann erzählen Sie von Ihrer Erfahrung mit der Sexualität, natürlich auch von der rigiden Erziehung, aber auch von den Maßstäben, die Sie beim Erleben der Sexualität selber als stimmig erlebt haben. Wenn Sie sich einig sind über den Sinn der Sexualität, dann können Sie auch Grenzen setzen. Die Grenzen sind nicht willkürlich. Sie erinnern mit den Grenzen Ihre Kinder nur an den wahren Sinn der Sexualität, auf den Sie sich im Gespräch geeinigt haben. Wenn Sie im Gespräch keine Einigung erzielt haben, dann trauen Sie Ihrem Gefühl. Wenn die Kinder noch zu jung sind, um verantwortliche Entscheidungen bezüglich der Sexualität zu treffen, dann können Sie sich einfach auf Ihr Gefühl verlassen. Sie können den Kin-

> Gerade in unserer Welt, in der alles erlaubt scheint, sehnen sich Kinder nach *Klarheit*.

dern durchaus zumuten, dass Sie es nicht erlauben können, dass die Freundin, die noch keine 16 Jahre alt ist, mit Ihrem Sohn in einem Zimmer übernachtet. Es kann sein, dass Ihre Kinder Sie als eng und altmodisch bezeichnen. Wenn Sie von etwas überzeugt sind, dürfen Sie sich von solchen Vorwürfen nicht verunsichern lassen. Das ist der Versuch, Sie zu drängen, Ihre Entscheidungen rückgängig zu machen. Aber eigentlich sehnen sich Kinder nach klaren Grenzen. Auch wenn sie darüber schimpfen, werden die Kinder Sie achten und sich gleichzeitig an den Grenzen reiben. Natürlich kann es nicht darum gehen, Grenzen willkürlich zu setzen. Dazu bedarf es reiflicher Überlegung. Gerade in unserer Welt, in der alles erlaubt zu sein scheint, sehnen sich Kinder nach Klarheit. Aber sie sehnen sich auch nach Verstandenwerden. Sie möchten ernst genommen werden. Fragen Sie daher Ihre Kinder, wie sie selbst die Sexualität sehen und was sie sich von ihr erhoffen. Viele Jugendliche haben durchaus ein gesundes Gespür für das Wesen der Sexualität, die nur dort als beglückend erlebt werden kann, wo ich Sicherheit, Bindung, Akzeptanz und Treue erfahre.

Wir haben drei Kinder. Wie kann es uns gelingen, unsere Kinder zu wertbewussten, dankbaren, hilfsbereiten und religiös sensiblen Menschen zu erziehen – wenn das doch Werte sind, die im praktischen Leben unserer „Gesellschaft der Sieger und der Ellenbogentypen" kaum mehr eine Rolle spielen?

Was ist das Wichtigste in der Kindererziehung?

Wichtig ist, dass Sie Ihren Kindern vermitteln, dass sie wertvoll und einmalig sind. Das lässt sich nicht mit Worten zeigen. Das müssen die Kinder durch Ihre Art, wie Sie mit ihnen umgehen, spüren. Werte machen das Leben wertvoll. Werte zeigen uns unsere eigene Würde. Dankbarkeit kann man nicht befehlen. Aber man kann den Kindern die Dankbarkeit vermitteln, indem Sie etwa selber beim Tischgebet für die Gaben danken oder indem Sie am Abend mit Ihren Kindern für alles danken, was Sie heute von Gott empfangen haben. Und die Hilfsbereitschaft lernen Kinder gerade im konkreten Tun in der Familie, indem sie an greifbaren Diensten in der Familie teilhaben, am Geschirrspülen, Einkaufen und Saubermachen. Sie dürfen darauf vertrauen, dass das soziale Verhalten, das Kinder in der Familie lernen, auch weiter gehen wird. Mit moralischen Appellen kann man keine Hilfsbereitschaft erzwingen. Aber das konkrete Erleben

Wer Werte schätzt, der ist auch selber wertvoll. Das spüren auch Kinder.

prägt sich in die Herzen der Kinder ein. Selbst wenn es manchmal verloren geht, wird es doch im Herzen bleiben und immer wieder auftauchen. Manchmal ist es natürlich hilfreich, mit den Kindern darüber zu sprechen, was einen Menschen wertvoll macht. Nicht was er an Kleidung trägt, welche Marken er benutzt oder welches Auto er fährt, macht ihn wertvoll, sondern sein eigener innerer Wert. Wer Werte schätzt, der ist auch selber wertvoll. Dessen Wert wird von anderen geachtet. Das spüren auch Kinder, und das macht sie auch innerlich stark.

Wenn doch alle Welt unter dem Einfluss der Medien steht und Kinder bei ihren Freunden nicht mehr mitreden können, wenn sie nicht auch das neueste Handy haben oder die Sendungen im Fernsehen gesehen haben, über die auch ihre Klassenkameraden reden – wie können wir als Eltern reagieren?

Können wir unsere Kinder noch vor der Medienwelt schützen?

Sie können Ihre Kinder nicht völlig vor den Medien schützen. Sie können keine heile Welt aufbauen, in der diese Medien nicht existieren. Aber Sie können Ihre Kinder zu einem maßvollen Gebrauch der Medien erziehen. Statt ständig passiv fernzusehen, wäre es besser, wenn Kinder miteinander oder auch mit den Eltern spielen. Fernsehen ist ja oft Ersatz für mangelnde Zuwendung. Wenn die Kinder die Nähe ihrer Eltern spüren, dann werden sie nicht fernsehsüchtig. Im Vergleich mit andern Kindern wäre es wichtig, den Kindern Selbstwert zu vermitteln. Wer genügend Selbstwert besitzt, der hat es nicht nötig, mit andern zu konkurrieren mit dem neuesten Handy oder mit den Fernsehsendungen. Die Kinder sollen vielmehr voller Stolz verkünden, dass sie es nicht nötig haben, diese oder jene Sendung unbedingt sehen zu müssen. Der Soziologe Helmut

> Es braucht auf Seiten der Eltern beides: *Mut* und zugleich liebende *Zuwendung*.

Schelsky meinte einmal, die Eliten hätten sich immer schon durch Askese, also den bewussten Verzicht auf Genuss oder Konsum, ausgezeichnet. Wer seine Kinder zu selbstbewussten Menschen erziehen will, der muss Grenzen setzen, nicht weil er etwas verbietet, sondern weil er den Kindern die Chance gibt, wirklich zu wachsen. Wer ständig vor dem Fernseher oder dem PC sitzt, der wächst innerlich nicht weiter. Es braucht aber auch auf Seiten der Eltern genügend Selbstbewusstsein, wenn die Kinder ihnen vorwerfen, die andern würden Markenkleidung tragen, sie hätten das neueste Handy und dürften alles fernsehen. Mit solchen Vorwürfen wollen Kinder ihren Eltern ein schlechtes Gewissen machen, sie wollen sie aber auch testen, ob sie darauf hereinfallen oder ob sie standhaft bleiben. Wenn die Eltern im Gespräch mit den Kindern klar bleiben, wird das den Kindern Eindruck machen. Eigentlich warten sie darauf, dass ihre Eltern nicht so sind wie die vielen, die alle Wünsche erfüllen, nur damit sie ihre Ruhe haben. Auch wenn die Kinder Ihnen Vorwürfe machen, irgendwann werden sie stolz auf Sie sein. Sie werden dann sagen: „Meine Eltern kümmern sich wenigstens um mich. Sie setzen sich mit mir auseinander. Sie streiten auch mit mir und geben nicht sofort nach." Die Kinder haben ein feines Gespür dafür, ob ihre Eltern den Mut haben, sich mit ihnen auseinanderzusetzen, oder ob sie zu feige dazu sind und das tun, was alle tun. Es braucht also auf Seiten der Eltern beides: Mut und zugleich liebende Zuwendung. Nur so kann man Kindern vermitteln, dass es andere Werte gibt, als alles zu besitzen, was die andern besitzen.

Mit 39 Jahren bin ich zum ersten Mal schwanger – und sehr glücklich darüber. Mein Gynäkologe rät mir jetzt dringend zu einer Pränataldiagnose, auch Freundinnen reden mir zu. Ich will mich eigentlich nicht darauf einlassen und denke, dass man das Leben so annehmen soll, wie es kommt. Aber ich merke, auch wenn mein Partner es ähnlich sieht, dass ich letztlich damit allein bin.

Und dann kommt doch wieder die Angst vor einem behinderten Kind.

Trauen Sie dem eigenen Gefühl. Auch wenn Sie damit alleine sind, ist es Ihr Gefühl. Und das ist wichtiger als die Meinungen der Freundinnen. Ich möchte Ihnen nur zwei Beispiele berichten, die ich selbst miterlebt habe. Zwei Frauen hat ein Arzt geraten, das Kind abtreiben zu lassen, da es behindert sein wird. Beide haben sich für das Kind entschieden. Und beide Kinder sind bis heute gesund. Die Pränataldiagnose hat die beiden Mütter sieben oder acht Monate völlig durcheinander gebracht und in große Gewissensprobleme gestürzt. Auch eine Diagnose ist nicht immer zutreffend. Oft ist sie aus der Angst entstanden, es könnte ja sein, dass das Kind behindert ist. Legen Sie sich und Ihr Kind in Gottes Hand und vertrauen Sie darauf, dass Seine Hand Sie beide schützt. Selbst wenn

> Ein Kind ist immer ein *Geheimnis*. Auch ein gesundes Kind kann zur *Sorge* werden – und ein behindertes zum *Segen*.

das Kind behindert wäre, könnte es zum Segen werden für die Familie. Überlassen Sie sich Gott. Das gibt Ihnen Freiheit und Vertrauen. Und sprechen Sie mit Ihrem Partner darüber, was ihm Angst macht. Männer meinen oft, alles sei machbar oder kontrollierbar. Doch das gilt nicht für das Kind. Ein Kind ist immer ein Geheimnis. Auch ein gesundes Kind kann zur Sorge werden – und ein behindertes zum Segen. Wir lassen uns immer auf ein Geschenk ein und brauchen den Glauben und das Vertrauen, dass Gott aus dem Kind, das heranwächst, einen einzigartigen und einmaligen Menschen macht, der für uns zum Segen wird.

Wir haben ein seit der Geburt behindertes Kind. Unsere Ehe ist an dieser Belastung damals fast zerbrochen. Solange die Kleine – sie ist inzwischen acht Jahre alt – in der Familie ist, werden wir ihr helfen und zu ihr stehen können. Ich fürchte das, was auf meine Tochter zukommen wird. Die Gesellschaft ist heute nicht so, dass Schwache eine Chance haben.

> *Was wird sein,*
> *wenn wir einmal nicht mehr*
> *helfen können?*

Zunächst dürfen Sie dankbar sein, dass Sie für Ihre Tochter soviel Liebe aufbringen und ihr mit all Ihren Kräften helfen. Und Sie dürfen ver-

Lassen Sie sich von Ihrer Angst nicht lähmen, sondern sprechen Sie mit Ihrer Angst.

trauen, dass nicht Sie allein für Ihre Tochter sorgen. Natürlich sollten Sie die Sorge nicht einfach nur Gott überlassen. Aber zu vertrauen, dass Er seine Hand über Ihre Tochter hält, kann Sie entlasten. In diesem Vertrauen werden Sie auch ganz konkrete Lösungen und Wege finden. Es gibt das betreute Wohnen oder ähnliche Einrichtungen, die unsere Gesellschaft ja durchaus anbietet, um behinderten Kindern ein gutes Leben zu ermöglichen. Manchmal fühlen sich behinderte Menschen in diesen Einrichtungen daheim. Lassen Sie sich von Ihrer Angst nicht lähmen, sondern sprechen Sie mit Ihrer Angst. Ihre Angst kann in Ihnen Phantasien auslösen, Wege für Ihre Tochter zu finden, so dass sie ihr Leben zu leben vermag. Aber solange Sie bei Ihnen ist, nehmen Sie täglich das Geheimnis des Kindes wahr. Nicht nur wir geben dem behinderten Kind etwas. Das Kind gibt auch uns etwas. Es hat oft eine Tiefe, die uns den Blick öffnet für das Geheimnis unseres eigenen Lebens. Fragen Sie sich, was die Botschaft Ihres Kindes für Sie und Ihre Familie ist, welchen Segen das Kind – trotz aller Belastung – auch für Sie und die Familie bringt.

Mein kleiner Sohn – er ist gerade vier – zieht gerne Mädchenkleider an. Meine Mutter warnt mich schon, er könne eines Tages homosexuell werden. Ich will mich davon nicht verrückt machen lassen. Anderseits merke ich auch, wie mich das beunruhigt.

Wie verhalte ich mich richtig?

Wenn Sie sich vom Verhalten Ihres kleines Sohnes zu sehr beunruhigen lassen, wird er es merken. Besser ist es, dass Sie mit ihm darüber sprechen, aber nicht in einem Ton der Besorgnis oder gar des Vorwurfs. Projizieren Sie nicht Ihre eigenen Ängste in die Frage hinein. Es ist das Natürlichste der Welt, dass er neugierig ist, dass er seine eigene Identität überprüft. Nehmen Sie sein Verhalten als Neugier, als frühkindliches Erkunden, was der Unterschied zwischen Junge und Mädchen ist. Fragen Sie ihn einfach, was ihm an den Mädchenkleidern so gefällt. Aber legen Sie in die Frage keine Hintergedanken hinein. Sie unterhalten sich einfach mit ihm über sein Tun. Sie können ihn auch fragen, ob er lieber ein Mädchen sei als ein Junge und warum. Je ruhiger und offener Sie mit Ihrem Sohn darüber sprechen, desto eher wird diese durchaus normale Phase vorübergehen. Wenn Sie allzu besorgt darauf reagieren, wird Ihr Sohn möglicherweise nur länger in dieser Phase bleiben. Denn dann kennt er einen Weg, um Sie an sich zu binden und Ihre Auf-

Es gibt nicht das einheitliche Männerbild. merksamkeit zu bekommen. Für Ihren Sohn wird es sicher gut sein, wenn er mit anderen Jungen spielen kann. Und wenn der Vater sich um ihn kümmert, dann wird ihm das auf jeden Fall gut tun und auch das für seine Entwicklung seiner Identität wichtig sein. Aber es gibt nicht das einheitliche Männerbild. Jeder Junge muss seine persönliche Identität als Mann entwickeln.

Wir haben unsere Tochter christlich erzogen. Sie hat, zu unserer Freude, sogar ein paar Semester Theologie studiert. In Israel hat sie dann einen muslimischen Palästinenser kennen gelernt, sich in ihn verliebt und ihn auch geheiratet. Inzwischen ist sie Muslimin geworden, hat Kinder und lebt in Palästina. Ihr Mann verbietet ihr heute, nach Deutschland zu kommen und uns die Enkelkinder sehen zu lassen. Angesichts unserer Erfahrung frage ich mich:

Was soll das Gerede über den Dialog mit dem Islam?

Ihren Schmerz kann ich gut verstehen. Die eigenen Enkelkinder nicht sehen zu dürfen, ist eine tiefe Kränkung. Sie fühlen sich ohnmächtig, weil Ihre Tochter ihrem Mann völlig untertan ist. Das widerstrebt unserem Bild von Ehe und Freiheit. Es tut weh, zu sehen, dass sich die Tochter selbst ein Stück weit aufgegeben hat. Vielleicht war sie am Anfang fasziniert, dass ein junger Mann seinen Glauben so radikal lebt. Vielleicht hat auch die Liebe sie blind gemacht. Nun ist sie in dieser Situation. Sie können nur hoffen und beten, dass die Enge sich allmählich weitet, sowohl die Enge Ihrer Tochter als auch die ihres Mannes. Wer sich so verschließt, hat immer Angst. Und wenn Menschen

> *Angst* verschließt die Augen vor dem, was der andere *lebt*.

von Angst geprägt sind, kann man schlecht einen Dialog mit ihnen beginnen. Denn die Angst verschließt die Augen vor dem, was der andere lebt. Geben Sie die Hoffnung nicht auf, dass Sie Ihre Enkelkinder eines Tages sehen werden. Vielleicht brechen die Kinder von selbst aus der Enge aus. Sie haben einen Engel, der sie führt. Vertrauen Sie darauf, dass der Engel sie in die Weite führt. Solange jemand Angst hat, vermag er keinen Dialog zu führen. Ein angstbesetzter Mensch ist unfähig für einen Dialog. Gott sei Dank gibt es auch andere Muslime, die tolerant sind und offen für den Dialog. Aber in diesen Dialog sollen Sie auch Ihre Erfahrung eines gescheiterten Miteinander einbringen. Sie bewahrt uns vor billiger Harmonisierung und schärft den Blick für die Realität.

Meine Mutter liebe ich zwar, aber ich leide manchmal auch unter der Liebe, die sie mir entgegenbringt. Sie sucht die Liebe, die sie selber bei ihrer eigenen Mutter nie erfahren hat, bei mir – und überschreitet dabei oft die Grenze. Etwa wenn sie sich in mein Leben einmischt, oder wenn ich merke, wie sie nicht genug davon haben kann, von mir und meinen angeblichen Erfolgen unter ihren Bekannten zu erzählen.

Wie kann ich Grenzen setzen, ohne zu verletzen?

Sie können Ihre Mutter nicht ändern. Sie können nur selbst die Grenze bestimmen. Wenn Sie sich in Ihr Leben einmischt, können Sie bestimmen, was Sie ihr erzählen wollen und was nicht. Wenn Ihre Mutter Ihnen Ratschläge erteilt, ärgern Sie sich nicht, hören Sie sie an, aber lassen Sie sich davon nicht beeindrucken. Am besten überhören Sie die Ratschläge. Es hat keinen Sinn, darüber zu diskutieren. Die Wünsche Ihrer Mutter hören Sie sich an, aber dann hören Sie in das eigene Herz hinein und sagen klar: Nein, das will ich nicht oder das kann ich nicht. Ein gutes Bild für Ihren Umgang mit Ihrer Mutter wäre: Sie stellen sich vor, Sie gehen ins Theater. Sie schauen zu, aber Sie spielen nicht mit. Sie schauen zu, welche Spiele Ihre

> Sie können nur selbst die *Grenze* bestimmen.

So schützen Sie
  Ihre eigene Grenze   Mutter spielt. Sie werten diese Spiele nicht, sondern suchen sie wie ein Zuschauer zu verstehen. Aber Sie spielen nicht mit. Sie lassen sich nicht vereinnahmen. Sie schützen Ihre eigene Grenze, die Grenze zwischen der Bühne, auf der Ihre Mutter spielt, und Ihnen, die da im Zuschauerraum sitzt. Dann fällt Ihnen der Kontakt zur Mutter leichter. Sie setzen sich nicht unter Druck, auf jedes vereinnahmende oder belehrende Wort der Mutter reagieren zu müssen.

Wenn Ihre Mutter von Ihnen und Ihren Erfolgen unter ihren Bekannten erzählt, dann können Sie das nicht groß ändern. Ihre Mutter ist eben stolz auf Sie. Das braucht sie. Wenn Sie selbst bei solchen Erzählungen dabei sind, dann können Sie die Mutter stoppen und ihr sagen, dass Sie das nicht wollen. Aber wenn Sie in Ihrer Abwesenheit über Sie spricht, dann betrachten Sie das mit Humor. Es ist ja auch ein Zeichen dafür, dass Ihre Mutter stolz auf Sie ist und Sie liebt. Nehmen Sie es als Ausdruck ihrer Liebe.

Ich mache mir Sorgen um meine erwachsene Tochter, die voll im Beruf steht und daneben noch – wie es mir vorkommt: bis an die Grenzen der Gesundheit – die Familie mit drei Kindern und einem schwierigen Mann hat und auch ehrenamtliche Aufgaben in der Gemeinde wahrnimmt. Gerne würde ich ihr helfen und ihr manches abnehmen. Aber offensichtlich gehe ich ihr mit meiner Hilfsbereitschaft auf die Nerven und sie will sich von mir gar nicht helfen lassen. Sie sei selber stark und selbständig, sagt sie und wirft mir Einmischung in ihr Leben vor.

> *Ich will doch wirklich nur ihr Bestes.*

Ich verstehe sehr gut, wie es Ihnen weh tut, zuzusehen, wie die Tochter sich überfordert. Aber Ihre Tochter ist erwachsen und ist für sich selbst verantwortlich. Respektieren Sie die Grenze, die Ihre Tochter setzt. Wahrscheinlich braucht Ihre Tochter diese Grenze, um ihr eigenes Leben leben zu können. Natürlich ist es für die Mutter schmerzlich, wahrzunehmen, dass die Tochter zu wenig auf sich achtet. Aber Ihre Tochter muss selbst die eigenen Grenzen erkennen. Und diese Grenze erkennen wir erst, wenn wir mal über sie hinausgegangen sind. Versuchen Sie, Ihrer Tochter zu vertrauen, dass sie ihre Grenze erkennt. Und beten Sie für sie, damit ihr Leben für sie und ihre Familie zum Segen wird.

Wir brauchen Grenzen, um das eigene Leben leben zu können.

Sie können Ihrer Tochter Ihre Sorge mitteilen, die Sie sich machen, vor allem dann, wenn sie krank wird vor zuviel Arbeit. Aber Sie können ihr Ihre Hilfe nur anbieten. Ihre Tochter muss selbst lernen, sich abzugrenzen. Wenn es ihr Freude macht, sich neben der Familie und dem Beruf auch noch für die Gemeinde einzusetzen, sollen Sie ihr das nicht nehmen. Vielleicht braucht sie das, um ihre eigenen Fähigkeiten auszuprobieren. Versuchen Sie, Ihre Tochter zu verstehen. Das, was Sie nicht verstehen, dürfen Sie ihr ruhig sagen, aber ohne Vorwurf, sondern als Ausdruck Ihrer Sorge und Liebe für sie. Ihre Tochter soll das Gefühl haben, dass Sie sie frei leben lassen, dass Sie aber immer bereit sind, zu helfen, wenn sie Ihre Hilfe braucht. Wenn die Tochter diese Freiheit spürt, wird Sie auch wieder um Ihre Hilfe bitten.

Meine Tochter, die von zu Hause ausgezogen und in eine Großstadt gezogen ist, um eine Arbeit anzunehmen, ist in die Fänge einer Sekte geraten. Wir, mein Mann und ich, können mit ihr auch nicht mehr darüber reden, da sie inzwischen nicht mehr nach Hause kommt. Wir sind machtlos und können nur zusehen, wie wir sie verlieren. Wir können sie auch nicht „loslassen".

Was raten Sie?
Wir sehen doch, wie sie
in ihr Unglück geht.

Es ist schwer für die Eltern, zuzusehen, wie die Tochter in den Einfluss einer Sekte gerät und davon bestimmt wird und vielleicht ihre eigene Freiheit verliert. Aber da Ihre Tochter auch nicht mehr heimkommt, haben Sie keine Möglichkeit, Einfluss zu nehmen. Sie können nur für sie beten und hoffen und vertrauen, dass sie irgendwann selbst spürt, dass das kein Weg für sie ist. Am Anfang scheint eine Sekte oft eine Stabilisierung für Menschen, die wenig Selbstwertgefühl haben. Vielleicht ist Ihre Tochter auch fasziniert von der Klarheit und Radikalität der Sekte. Machen Sie sich keine Schuldgefühle. Vertrauen Sie darauf, dass das, was Sie Ihrer Tochter mitgegeben haben, sich irgendwann durchsetzen wird. Beten Sie, dass Ihre Tochter innerlich stärker wird und sich dann auch wieder frei

> Sie dürfen vertrauen, dass ein *Engel* sie begleitet und sie auch über *Umwege* und *Irrwege* führt.

macht aus den Fängen der Sekte. Sie können ihr einen Brief schreiben. Aber es kann durchaus sein, dass die Tochter den Brief zurückschickt. Wenn Sie einen Brief schreiben, dann ohne Vorwürfe gegen die Tochter oder gegen die Sekte. Schreiben Sie ihr nur Ihre Sorge, aber auch Ihre Offenheit. Die Tochter soll wissen, dass die Eltern immer ein offenes Haus haben und dass sie jederzeit auf die Hilfe der Eltern setzen darf. Was sich in der Seele Ihrer Tochter momentan vollzieht, das entzieht sich unserer Kenntnis. Irgendetwas hat sie in der Sekte angesprochen. Sie dürfen vertrauen, dass ein Engel Ihre Tochter begleitet und sie auch über Umwege und Irrwege führt. Beten Sie, dass der Engel sie auf den Weg führt, der Ihre Tochter zu ihrer eigenen Lebensspur bringt.

Unser Sohn ist trotz einer guten Ausbildung arbeitslos. Jetzt hat er sich entschlossen, auf eine Ferieninsel im indischen Ozean auszuwandern und dort ein angenehmeres Leben zu führen. Uns ist klar, dass das eine Flucht ist.

Er hört nicht mehr auf uns.

Immerhin hat Ihr Sohn Mut. Er will sein Leben selbst in die Hand nehmen. Sie können nur vertrauen, dass er in der Ferne seinen Weg findet. Wichtig ist nur, dass Sie finanzielle Grenzen setzen. Sie können den Flug noch finanzieren. Aber dort muss er dann für sich selber sorgen. Er kann nicht auf Ihre Kosten ein angenehmeres Leben führen. Wenn Sie mit ihm sprechen, reden Sie ihm den Wunsch nicht aus, sondern fragen ihn eher, was er für Pläne hat und wie er sich das vorstellt. Hören Sie lieber zu, als auf ihn einzureden. Wenn er sich ernst genommen fühlt, dann ist er auch freier, das Experiment abzubrechen, wenn es scheitern sollte. Sie können nur den Rahmen abstecken, auf welche Weise Sie ihn unterstützen wollen und wo nicht. Wenn er diesen Wunsch hat, soll er dafür auch die Verantwortung übernehmen und sich überlegen, wie er ihn erfüllen kann. Versuchen Sie, die „Verrücktheit" Ihres Sohnes positiv zu sehen. Er hat Phantasie. Er passt sich nicht einfach an, sondern hat seine eigene Auffassung vom Leben. Wenn Sie sich für seine Lebensphilosophie interessieren, wird vielleicht auch ein guter Dialog entstehen. Und Sie haben teil an der Weite des Sohnes.

Zuhören ist besser, als auf jemand einzureden

Meine Mutter war eine kalte Frau, und sie hat mich immer noch im Griff, obwohl sie schon ein paar Jahre tot ist. Ich habe immer nach ihrer Liebe gehungert und sie auch gepflegt, als sie krank und bettlägerig war. Sie hat das damals auch gefordert, und ich konnte sie auch einfach nicht allein lassen oder in ein Heim geben. Inzwischen spüre ich die Verletzung, die sie mir durch ihre Gefühlskälte zugefügt hat. Mit dem Kopf weiß ich, dass ich mich endlich innerlich von ihr trennen sollte – und trotzdem:

Es fällt mir immer noch schwer, von ihr loszulassen.

Es ist wichtig, die Verletzung nochmals zuzulassen. Ihre Mutter hat Ihre tiefste Sehnsucht nach Liebe, Zärtlichkeit und Geborgenheit nicht erfüllt. Das tut weh. Sie haben nicht die Mutter gehabt, nach der Sie sich gesehnt haben. Doch wenn Sie den Schmerz zulassen, sollten Sie auch die Wut über Ihre Mutter zulassen und sich von Ihrer Mutter distanzieren. Sie sollten sie aus Ihrem Herzen hinauswerfen. Nur so werden Sie frei von ihr. Und Sie sollen die Wut in Ehrgeiz verwandeln: „Ich kann selber leben. Ich brauche die Mutter nicht. Ich habe selbst mütterliche Gefühle in mir für mich. Ich gehe mütterlich mit dem verletzten Kind in mir um." Gestehen Sie sich ein, dass Sie zu kurz gekommen sind. Aber dann übernehmen Sie die

Verantwortung für Ihr Leben. Sie haben Schlimmes durchlebt. Doch das

> Eine Form des Loslassens ist die *Vergebung*.

hält Sie auch lebendig. Das zwingt Sie, für sich selbst gut zu sorgen und mütterlich zu sich selbst zu sein. Sie müssen sich zuerst von Ihrer Mutter verabschieden, sie loslassen. Eine Form des Loslassens ist die Vergebung. In der Vergebung lassen Sie die Härte bei der Mutter. Es ist ihr Leben. Sie haben ihr zuviel Macht gegeben, weil Sie immer auf die Liebe gehofft haben. Lösen Sie sich von der Macht der Mutter. In der Vergebung befreien Sie sich von der negativen Energie, die durch die Verletzung noch in Ihnen ist. Und dann gehen Sie voller Vertrauen in die Zukunft. Aus dem, was Sie erlebt haben, können Sie etwas machen. Sie werden merken, dass es in Ihrer Umgebung viele bedürftige Menschen gibt, die sich nach Liebe sehnen. Vielleicht entwickeln Sie gerade diesen Menschen gegenüber Ihre Fähigkeiten, Verständnis zu zeigen und zu helfen, andere zu begleiten und heilend zu wirken. Wenn Sie Ihre Wunde in eine Perle verwandelt haben, können Sie sich leichter innerlich von der Mutter lösen und doch eine gute Beziehung zu ihr haben, weil Sie sich frei fühlen. Und Sie können Ihrer Mutter auch dankbar sein für das, was Sie Ihnen gegeben hat. Es war vielleicht nicht genug für Sie. Aber es war immerhin etwas. Und für Ihre Mutter war es vermutlich sehr viel. Es war das, was sie geben konnte. Mehr war ihr von ihrer eigenen Geschichte und Struktur her nicht möglich.

Ich bin – im Gegensatz zu meinen Brüdern – kinderlos, aber voll im Beruf engagiert. Meine Mutter ist inzwischen alt und, nach dem Tod des Vaters, immer verwirrter. Ich hatte ihr gegenüber nie ein ganz warmes und herzliches Verhältnis, fühle mich ihr aber doch verpflichtet. Ich kann sie nicht mehr lange allein lassen, will aber auch nicht, dass sie in ein Heim kommt. Meine Brüder hätten nichts dagegen, wenn wir Mutter ins Heim geben würden. Sie verlassen sich aber auf mich.

Muss ich mich als Tochter um alles kümmern?

Es ist leider oft so, dass die Söhne die Sorge für die Eltern den Töchtern überlassen. Doch Sie sollen nicht allein die Verantwortung für Ihre Mutter übernehmen. Entlassen Sie Ihre Brüder nicht aus ihrer Verpflichtung. Berufen Sie eine Familienkonferenz ein. Überlegen Sie gemeinsam, welche Wege möglich sind. Ich würde mich nicht allein um alles kümmern, sondern nur meinen Teil der Verantwortung übernehmen, so wie Sie ihn im gemeinsamen Gespräch ausgemacht haben. Es kann natürlich sein, dass Ihre Brüder die Mutter ins Heim geben möchten, damit sie die Verantwortung los sind. Und wenn Sie sie pflegen möchten, dann würden die Brüder Ihnen alles aufbürden. Kämpfen Sie dafür, gemeinsam einen Weg zu finden, der für alle gangbar ist. Wenn die Brüder gar nichts tun, dann müssen Sie sich fragen, ob Sie die Sorge für die Mutter allein übernehmen können oder ob Sie sich damit überfordern. Wenn die Last für Sie zu groß wird, müssen Sie auch an sich denken. Es ist keine leichte Entscheidung. Daher wünsche ich Ihnen gute Gespräche mit Ihren Brüdern und ein ehrliches Ringen um eine Lösung, die für alle gut ist. Achten Sie immer auch auf die eigenen Grenzen. Sie sollen das für die Mutter tun, was möglich ist. Aber wenn Sie sich auf Dauer überfordern, würde Ihre Beziehung zur Mutter dadurch belastet. Schießlich wird es darum gehen, so für die Mutter zu sorgen, dass es für die ganze Familie zum Segen wird.

> Kämpfen Sie dafür, gemeinsam einen *Weg* zu finden, der *für alle gangbar* ist.

BERUF UND ALLTAG

Es sind vor allem drei Themenbereiche, die immer wieder angesprochen werden: der Druck, unter dem man in der Firma steht, immer mehr leisten zu müssen; das Problem, Balance zu finden zwischen Beruf und Familie und Privatleben; und der Umgang mit Chefs, die ihrer Rolle nicht gerecht werden, die nicht wirklich zu führen vermögen. Es gibt sicher noch viele andere Themenfelder, die angesprochen werden könnten. Aber es sind diese drei Themen, die die Fragesteller am meisten bewegen.

Der Druck, dem sich viele in ihrem Beruf ausgesetzt werden, ist eine Realität, die wir nicht überspringen können. Der Druck kommt von außen. Die Firma steht in Konkurrenz zu anderen Firmen. Durch die Globalisierung ist dieser Druck noch stärker geworden. Immer wieder gibt es Firmen, die die eigenen Preise unterbieten. Aber wir können nicht immer noch billiger produzieren. In dieser Situation müssen sich die Firmen auf ihre Werte konzentrieren. Betriebswirtschaftliche Untersuchungen zeigen, dass man den Gewinn nicht über den Preis macht, indem man durch noch billigere Preise mehr Umsatz erzielt, sondern über die Stammkunden. Und die Stammkunden sind an anderen Werten interessiert: an der Zuverlässigkeit, der Ehrlichkeit, der Freundlichkeit, der Qualität der Arbeit, der Fairness und der Fähigkeit, gute Lösungen zu entwickeln.

Aber die Frage ist, wie wir persönlich mit dem Druck umgehen sollen. Wie wir damit umgehen, das hängt immer von unserem eigenen Lebenskonzept und von unseren Lebensmustern ab. Es gibt Menschen, die alles, was sie tun, sofort bewerten. Sie setzen sich selbst ständig unter Druck, alles perfekt zu machen, oder immer noch schneller und noch effizienter zu sein. Sie setzen sich sogar beim Bügeln oder Staubsaugen unter Druck und meinen, diese lästigen Arbeiten in möglichst kurzer Zeit erledigen zu müssen. Doch dann macht die Arbeit gar keinen Spaß mehr. Sie sind nicht mehr bei dem, was sie tun. Sie können sich beim Bügeln nicht erholen und es genießen, etwas Einfaches zu tun und dabei den eigenen Gedanken nachzugehen oder Musik oder ein Hörbuch zu hören. Solche Menschen reagieren auf den Druck von außen sehr empfindlich. Sie lassen sich vom äußeren Druck zusammenpressen, auspressen. Sie fühlen sich dann ständig vom Druck überfordert. Wenn ich den Druck aber als sportliche Herausforderung nehme, dann werde ich mich nicht erdrückt fühlen. Ich entwickle vielmehr neue Lösungsmöglichkeiten. Ich reagiere kreativ auf den äußeren Druck. Er macht mich lebendig. Aber das kann ich nur, wenn ich zugleich eine innere Freiheit dem Druck gegenüber fühle. Ich muss nicht unter allen Umständen die äußeren Vorgaben erfüllen. Ich nehme sie als Herausforderung. Aber was nicht geht, geht nicht.

Das zweite Thema ist die Verbindung des beruflichen Engagements mit dem Leben in der Familie. Viele finden keine Balance zwischen dem Beruf und der Familie. Der Beruf frisst alle Energie auf. Es bleibt immer weniger Zeit für die Familie. Da sind einmal Rituale wichtig, die die Türe der Arbeit schließen, um die Tür der Familie zu öffnen. Wenn ich in der Familie noch mit der Arbeit beschäftigt bin, kann ich mich weder dem Ehepartner noch den Kindern wirklich zuwenden. Ich erlebe dann alles als Störung und Überforderung. Wenn ich aber die Arbeit durch ein kurzes Ritual – entweder im Ausatmen die Arbeit loslassen, oder sich beim Heimweg frei gehen von der Arbeit oder sich in einem kurzen Gebet von der Arbeit lösen und sich auf die Familie einstellen – die Tür der Arbeit geschlossen habe, dann kann ich mich auf die Familie freuen. Und dann erlebe ich die Kinder nicht als Belastung, sondern als einen Teil der Entspannung. Ich kann mit ihnen spielen und mich dabei frei spielen von allem äußeren Druck. Oder aber ich wende mich ihren Fragen zu, die etwas anderes in mein Leben bringen.

Neben den Ritualen braucht es eine gute Zeitdisziplin. Die Familie braucht die Sicherheit, dass ich zu dieser oder jener Zeit heimkomme. Wer viel Verantwortung in seiner Firma hat, kommt oft erst spät nach Hause. Dem kann man nicht immer entrinnen. Aber umso wichtiger ist dann eine Verlässlichkeit. Der Ehepartner muss sich darauf verlassen können, dass ich zumindest einen Abend in der Woche für ihn bzw. für uns reserviert habe. Diesen Abend sollte man sich durch keinen Termin nehme lassen. Es braucht Tabuzeiten, die geschützt sind und die von fremden Wünschen oder Ansprüchen von außen nicht gebrochen werden dürfen.

Rituale und Zeitdisziplin sind Hilfen, sich besser auf die Familie einzulassen. Aber oft fehlt die Energie. Man ist so müde von der Arbeit, dass man daheim kaum Energie hat, etwas mit der Familie zu unternehmen. Die mangelnde Energie ist eine Mahnung, seine eigenen Grenzen besser zu achten. Aber ob ich die Familie als Belastung oder als Energiespender erlebe, hängt auch von meiner Einstellung ab. Wenn ich mich auf die Familie freue, wird sie mir neue Energie schenken.

Immer wieder höre ich Klagen über Chefs, die ihrer Rolle nicht gerecht werden, die sich nicht entscheiden können, die Angst verbreiten, die die Mitarbeiter überfordern. Im Umgang mit solchen Chefs gibt es keine Patentrezepte. Der erste Weg besteht darin, sich zu schützen und sich dadurch von der Macht des Chefs innerlich zu befreien. Ich kann mir dann immer wieder vorsagen: Der andere hat nur soviel Macht über mich, wie ich ihm gebe. Natürlich hat der Chef die äußere Macht. Aber ob ich mich innerlich von ihm bestimmen lasse, das liegt an mir. Der zweite Weg bestünde darin, den Chef zu verstehen. Warum ist er so? Vielleicht finde ich dann in seiner Angst oder Unsicherheit einen Grund für sein Verhalten. Verstehen heißt nicht, dass ich alles akzeptiere. Das Verstehen hilft mir vielmehr zu einem neuen Stehvermögen. Ich kann besser zu mir stehen, wenn ich den andern verstehe. Ich lasse ihn, beziehe seine Verhaltensweisen nicht auf mich, sondern lasse sie bei ihm stehen. Das gibt mir neuen Selbststand. Der dritte Weg würde darin bestehen, mit dem Chef auf neue Weise umzugehen. Wenn ich innerlich frei bin ihm gegenüber, finde ich manchmal auch kreative Wege, auf ihn zu reagieren. Manchmal ist es der Humor, der manches entschärft. Manchmal ist es eine Frage, die ich ihm stelle und die ihn verunsichert. Entscheidend ist, dass ich dabei mit mir selbst und mit meiner eigenen Quelle gut in Kontakt bin und mir diese Quelle nicht vom Verhalten des Chefs trüben lasse.

Mein Beruf hat mir immer viel Freude bereitet, trotz allen Stresses. Ich habe mich auch immer verausgabt bis an die Grenze meiner Gesundheit. Mit einem neuen Chef ist alles anders geworden. Er verlangt immer noch mehr von mir, und kann es auf der anderen Seite auch nicht ertragen, wenn ich Erfolg habe. Ich habe noch kein ehrlich gemeintes Lob von ihm gehört – auch wenn mir Kollegen zu einer besonders guten Leistung gratuliert haben. Erfolge gehen in der Regel auf sein Konto, andere kommen da in seiner Wahrnehmung gar nicht vor. Auch wenn ich es weiß und mir das sagen kann, dass sein Verhalten unreif, vielleicht sogar krankhaft ist – es hilft mir nicht weiter, ich bin durch diese dauerhafte Missachtung gekränkt und merke, wie ich selber krank werde, weil ich mir eine Kündigung leider nicht leisten kann.

Was kann ich gegen die Missachtung tun?

Sie haben das Verhalten des Chefs richtig analysiert. Er ist unreif und narzisstisch. Er kreist nur um sich selbst und seine eigene Größe. Deshalb kann er keine guten Mitarbeiter neben sich gelten lassen. Das tut weh. Aber geben Sie ihm nicht soviel Macht. Nehmen Sie seine Unreife zum Anlass, sich selbst mehr zu achten und mit sich in Berührung zu kommen. Sie spüren selbst, was Sie können und wo Sie erfolgreich sind. Lassen Sie sich den Erfolg nicht durch die Missachtung des Chefs madig machen. Andere sehen, was Sie leisten. Und Sie selbst sehen es. Nehmen Sie die Situation als Herausforderung, aus der eigenen Quelle zu leben und nicht aus der Quelle der Bestätigung durch andere. Die eigene Quelle der Freude an der Arbeit oder auch die Quelle des Heiligen Geistes, aus der Sie schöpfen, kann Ihnen niemand nehmen. Je mehr Sie mit sich selbst in Berührung sind, desto weniger bedrückt Sie die Missachtung durch den Chef. Sagen Sie sich, dass Sie sein Lob gar nicht brauchen. Denn Sie leben aus sich und aus Gott und nicht aus der Zuwendung des Chefs. Das macht Sie freier und selbständiger und stärker.

> Je mehr Sie mit *sich selbst* in *Berührung* sind, desto weniger bedrückt Sie die *Missachtung* durch den anderen.

In meiner Arbeit schiebe ich alles Unangenehme immer vor mich her. Aber ich gehe dann immer mit Druck in die Arbeit. Der Druck ist umso stärker, weil ich weiß, dass da noch so viel Unerledigtes auf mich wartet.

Wie kann ich lernen, die Dinge besser anzupacken?

Es ist gut, wenn Sie sich morgens einen Plan machen, was Sie der Reihe nach anpacken möchten. Am besten ist es, wenn Sie die unangenehmen Dinge als erstes aufschreiben. Denn solange Sie sie vor sich hinschieben, wird der Druck immer größer und Sie haben auch nicht mehr genug Energie für das, was Sie gerade erledigen. Wenn Sie Unangenehmes erledigt haben, haben Sie mehr Kraft für das, was jetzt ansteht. Sagen Sie sich einfach vor: „Eins nach dem anderen." Auch die schwierigste Aufgabe beginnt mit dem ersten Schritt. Versuchen Sie, den ersten Schritt zu machen, dann fallen die anderen nicht mehr so schwer. Und der erste Schritt muss nicht riesengroß sein. Schon kleine Schritte genügen, um anzufangen. Fragen Sie sich auch, warum das oder jenes unangenehm ist. Was würde Ihnen helfen, dass es nicht so unangenehm ist? Haben Sie Angst, sich mit jemandem zu konfrontieren? Oder ist das Problem nicht so einfach zu entscheiden? Analysieren Sie das Unangenehme. Dann werden Sie merken, dass sich die Probleme auf einige Fragen reduzieren lassen, die gelöst werden wollen. Nehmen Sie es mehr als sportliche Herausforderung, schwierige Dinge zu tun. Aber setzen Sie sich nicht unter Druck. Denn der Druck lähmt Sie und raubt Ihnen alle Energie. Der Druck scheint von außen zu kommen. Doch in Wirklichkeit machen wir uns den Druck oft selber. Bewahren Sie Ihre innere Freiheit gegenüber den Herausforderungen von außen.

> Bewahren Sie Ihre *innere Freiheit* gegenüber den Herausforderungen von außen.

In meinem Beruf werde ich immer nur nach dem Erfolg bemessen und bewertet. Naturgemäß kann man aber nicht immer nur erfolgreich sein. Vielleicht ist es auch eine Frage des Alters, aber mir fehlt immer mehr der Schwung und die innere Motivation – und auch die Lebensfreude.

Wie kann ich mit meinem Frust umgehen?

Sie haben recht. Man kann nicht immer nur erfolgreich sein. Gerade im Alter spürt man seine Grenzen. Die erste Aufgabe wäre also, sich von den eigenen Ansprüchen zu verabschieden: Ich muss nicht unbedingt erfolgreich sein. Ich stelle mich den Aufgaben. Ich bringe meine Erfahrung ein. Aber ich setze mich nicht unter Druck, unter allen Umständen Erfolge vorweisen zu müssen.

Sie brauchen nicht mehr den Schwung Ihrer Jugend. Aber Sie brauchen eine neue Motivation. Vielleicht könnte es eine Motivation für Sie sein, dass Sie sich vorstellen: „Ich habe Erfahrung. Die gebe ich weiter. Ich bin ausgeglichen. Das lasse ich mir nicht nehmen. Ich versuche, eine gute Ausstrahlung auf meine Mitarbeiter zu haben. Ich lasse mich nicht von den Erwartungen der andern bestimmen, sondern lebe aus meiner Mitte heraus." Solche Vorstellungen können Sie motivieren, dass Sie jetzt noch weiter lernen, nicht nur, was das berufliche Wissen betrifft, sondern auf der persönlichen Ebene. Nehmen Sie Ihre Arbeit als Herausforderung, menschlich und spirituell zu wachsen. Um Ihre Lebensfreude wieder zu finden, bräuchten sie Zeiten des Aufatmens und der Stille. Wenn Sie in der Stille in sich hinein hören, vertrauen Sie darauf, dass unterhalb der Schwere und Lustlosigkeit eine Quelle der Freude in Ihnen strömt. Versuchen Sie, mit dieser Freude in Berührung zu kommen. Und fragen Sie sich, was diese Freude wieder so stark werden lässt, so dass sie ins Bewusstsein tritt. Vielleicht ist es die Musik, vielleicht auch die Natur. Suchen Sie sich die Orte aus, an denen sie mit der in Ihnen liegenden Freude wieder in Berührung kommen.

> Wenn ich mich davon frei mache, mich selbst nach meinem *Erfolg* zu messen, dann bin ich auch *frei* vom *Urteil* der anderen.

Sehen Sie Ihren Wert darin, Erfahrung zu haben, eine gute Ausstrahlung zu haben, mit den Kollegen gut auszukommen und die Weisheit des Älteren zu verkörpern. Stehen Sie zu Ihrem Alter und lassen Sie sich nicht vom Jugendwahn der Firma anstecken. Sie haben eine wichtige Funktion in der Firma, ganz gleich ob der Chef das sieht oder nicht. Die Bewertung durch die Firma ist für Sie eine Herausforderung, andere Werte für sich zu entdecken und diese Werte zu leben. Dann wird Ihr Leben wertvoll. Und Sie bekommen wieder neue Lust an den Werten und an Ihrem Leben.

Es geht vor allem darum, sich selbst anzunehmen und dankbar zu sein für das, was man ist. Sehen Sie sich selbst mit guten Augen an. Achten Sie sich selbst. Dann werden Sie unabhängiger von der Beurteilung, die in Ihrer Firma herrscht.

Der Druck in meiner Arbeit ist in den letzten Jahren ständig gestiegen. Kollegen werden nach ihrem Weggang nicht ersetzt, neue nicht eingestellt, die wachsenden Aufgaben auf die verbliebenen Schultern verteilt. Ich strample mich ab und fühle mich im Hamsterrad, weil alles zudem immer schneller geht – und ich nicht jünger werde. Ich komme auch nicht mehr zu mir, weil mich der Stress auch in die Freizeit, ins Wochenende hinein verfolgt. Ich weiß nicht mehr, wo ich selber bleibe. Ich sehe auch nicht, wie ich gegensteuern könnte. Inzwischen sehne ich mich nur noch nach der Pensionierung. Ich fühle mich so wie eine Freundin kürzlich sagte:

„Das ist nicht das Leben, das ich bestellt habe."

Der Druck von außen ist sicher gestiegen. Aber es ist auch unsere Verantwortung, dass wir uns nicht auspressen lassen. Wir dürfen den Druck nicht verinnerlichen. Wir sollten ihn als sportliche Herausforderung annehmen. Aber auch der Sportler kann nicht alle Erwartungen erfüllen. Er muss zu seinen Grenzen stehen. Es ist unsere Aufgabe, dem Chef die eigene Grenze und auch die Grenze seiner Erwartungen aufzuzeigen, statt uns immer mehr unter Druck setzen zu lassen. Das ist der eine Weg. Der andere Weg besteht darin, ein wenig Seelenhygiene zu betreiben. Sie schreiben, dass Sie den Stress auch in die Freizeit mitnehmen. Da wären Rituale wichtig, die die Tür der Arbeit schließen. Ohne die Türe der Arbeit zu schließen, kann die Tür der Freizeit nicht aufgehen. Die Tür der Arbeit können Sie schließen, indem Sie im Büro bewusst noch ein paar Augenblicke sitzen bleiben und allen Ärger und Druck ausatmen. Oder Sie können den Heimweg bewusst dazu benutzen, sich frei zu gehen von allem, was in der Arbeit war. Oder Sie lassen beim Duschen den inneren und äußeren Dreck von sich abfallen und gehen dann als neuer Mensch in die Freizeit und genießen sie. Rituale geben Ihnen das Gefühl, dass Sie selber leben, anstatt gelebt zu werden. Und Sie schenken Ihnen eine heilige Zeit, die Ihnen gehört, über die niemand bestimmen kann. In dieser heiligen Zeit können Sie aufatmen. Da spüren Sie sich selbst. Da fällt aller Druck von außen weg.

> *Rituale* geben uns das Gefühl, selber zu leben, anstatt gelebt zu werden.

Ich arbeite in einer sogenannten Wohlfahrtsinstitution. Ich bin mit sehr viel Enthusiasmus in meine Arbeit gegangen. Inzwischen merke ich immer mehr, dass es auch hier nur aufs Geld ankommt und nicht auf ethische Qualität und menschliche Standards, obwohl dies nach außen natürlich weiter propagiert wird. Dem ökonomischen Erfolg und dem Einsparungsdruck wird alles andere untergeordnet. Wer dagegen hält, wird klein gehalten und kommt nicht weiter.

Wie soll ich mit dieser Doppelzüngigkeit umgehen?

Leider haben auch Wohlfahrtsinstitutionen, die einen hohen Idealismus mitbringen, ihre Schattenseiten. Weil man normalerweise für andere da ist, merkt man gar nicht, wie man seine Machtbedürfnisse ausagiert. Das Pochen auf das Geld könnte einmal Ausagieren des Machtbedürfnisses sein. Zum anderen redet man sich oft daraus hinaus, dass man sich selbst tragen müsse, sonst würden alle die Arbeit verlieren. Die finanzielle Herausforderung besteht sicher. Aber wir dürfen uns von ökonomischen Gesichtspunkten nicht tyrannisieren lassen. Zeigen Sie Rückgrat und pochen Sie darauf, dass man die Leitlinien nicht auf Hochglanzpapier drucken und sie dann in die Schublade legen kann. Das würde die Motivation rauben.

Man kann nur gut arbeiten, wenn Anspruch und Wirklichkeit einigermaßen deckungsgleich sind. Klagen Sie nicht an, sonst verteidigen sich die Leiter nur. Aber machen Sie immer wieder auf die gemeinsam erarbeiteten Leitlinien aufmerksam. Muten Sie Ihren Kollegen die Frage zu, wie diese oder jene Maßnahme mit den Leitlinien übereinstimmt. Und gehen Sie achtsam mit der Sprache um. Wo widerspricht unsere interne Sprache unseren hohen Ansprüchen? Unsere Sprache verrät uns. Leider wird auch in Wohlfahrtsinstitutionen oft eine harte und kalte Sprache gesprochen. Spiegeln Sie in Sitzungen wider, wie gerade gesprochen wird. Und vertrauen Sie darauf, dass es noch andere bei Ihnen gibt, die ähnlich denken wie Sie. Wenn Sie sich mit Gleichgesinnten zusammen tun, dann kann man darüber nicht hinweggehen. Das wird sich wie ein Sauerteig auf die ganze Institution auswirken. Geben Sie die Hoffnung nicht auf.

> Seien Sie *Sauerteig*.
> Geben Sie die *Hoffnung* nicht auf.

Mein Vorgesetzter ist jemand, der keine Entscheidung treffen will und die Verantwortung gerne auf ihm Untergebene schiebt. Dabei schraubt er aber die Erwartungen so hoch oder definiert die Voraussetzungen für eine richtige Entscheidung so, dass sie fast nicht einlösbar sind. Natürlich trage ich alle Schuld und die volle Verantwortung, wenn etwas schief läuft.

Wie soll ich mich dazu verhalten?

Es ist nicht leicht, mit einem Chef umzugehen, der keine Entscheidung treffen will und nicht bereit ist, die Verantwortung für die Firma zu übernehmen, sondern alle Schuld immer auf die anderen schiebt. Ihr Chef ist letztlich fehl am Platz. Denn wenn eine Führungskraft keine Verantwortung für die Menschen und die Entscheidungen übernimmt, führt er nicht. Dort, wo nicht geführt wird, tun sich alle Mitarbeiter schwer. Doch die Frage ist, wie Sie darauf reagieren. Sie können das Verhalten nur durchschauen und sich wie ein Zuschauer verhalten, der zuschaut, welches Theater der Chef heute wieder spielt, ohne selbst mitzuspielen. Auf keinen Fall würde ich die Verantwortung übernehmen. Ich würde es ihm spiegeln, was geschieht, wenn er nicht entscheiden will. Wenn Sie selbst eine Entscheidung getroffen haben, die nicht gut ausging, dann würde ich dafür die Verantwortung übernehmen. Aber ich würde zugleich sagen, was mir bei der Entscheidung gefehlt hat, dass Sie seine Rückendeckung gebraucht hätten. Ohne Rückendeckung von oben kann keine Entscheidung gelingen. Geben Sie Ihrem Chef nicht soviel Macht. Er braucht es, anderen die Schuld zuzuschieben. Aber wenn Sie sich weder rechtfertigen noch entschuldigen, sondern die Sache einfach lassen, wie sie ist, dann wird er merken, dass er mit seiner Schuldzuweisung keine Macht mehr ausüben kann. Schuldgefühle einzuimpfen ist die subtilste Form von Machtausübung. Der müssen Sie sich innerlich entziehen. Dann wird Ihr Chef irgendwann merken, dass er dieses Spiel mit Ihnen nicht mehr spielen kann.

> *Schuldgefühle* einzuimpfen ist die subtilste Form von Machtausübung.
> Dem müssen Sie sich innerlich entziehen.

Unsere Branche steht unter wirtschaftlichem Druck. Und dieser Druck wird von der Geschäftsleitung unserer kleinen Firma voll an die Mitarbeiter weitergegeben. Unser Chef will schnellen Erfolg sehen, man droht schon mit Entlassungen. Ich habe immer mein Bestes gegeben und mir liegt sehr daran, eine perfekte Arbeit abzuliefern. Aber im Grund bin ich ohnmächtig. Ich kann weder die Rahmenbedingungen des Erfolgs steuern, noch habe ich die Faktoren in der Hand, die ihn letztlich bestimmen.

Noch mehr arbeiten kann ich wirklich nicht.

Wenn die Branche unter wirtschaftlichem Druck steht, hat es wenig Sinn, nur mit noch mehr Arbeit und noch mehr Leistung darauf zu antworten. Ich würde vielmehr anregen, dass die Führungskräfte sich zusammensetzen und sich gemeinsam überlegen, welche Chancen man auf dem Markt hat und was der Firma auf Dauer helfen kann, zu überleben und sich gesund zu entwickeln. Wenn der Chef nur schnellen Erfolg sehen will, ist das meistens ein Zeichen, dass er sich nicht genügend Gedanken macht, wie die Firma auf die Herausforderungen der Zeit antworten soll. Und an dieser mangelnden Konzeption haben dann alle Mitarbeiter zu leiden. Sie dürfen sich nicht immer noch mehr aufladen lassen. Das überfordert Sie und macht Sie bitter. Stehen Sie auf und haben Sie Mut, gemeinsame Gespräche einzufordern, in

> Druck macht blind.
> Man arbeitet immer mehr und weiß schließlich nicht mehr *wofür*.

denen auch die Mitarbeiter mitreden und Vorschläge machen, wie die Firma in Zukunft wirtschaften möchte. In dieser Situation braucht es vor allem Phantasie und Kreativität. Was sind unsere Stärken? Was sind heute die Bedürfnisse der Menschen? Wie können wir darauf reagieren? Wenn Sie diese Fragen stellen, werden Sie neue Wege für sich und Ihre Firma entdecken. Wenn Sie jedoch allen Druck auf sich nehmen, fühlen Sie sich immer ohnmächtiger. Und der Druck macht blind. Man arbeitet immer mehr und weiß gar nicht mehr wofür. Nehmen Sie das Bild von Marta und Maria. Marta arbeitet als Gastgeberin und wird aggressiv auf ihre Schwester, die einfach hinhört, was Jesus ihr zu sagen hat. Die Firma muss erst gut hinhören, welche Bedürfnisse die Menschen haben. Und sie soll hinhören, was die Mitarbeiter denken. Das bringt oft mehr, als noch mehr zu arbeiten.

In meinem Beruf habe ich immer alles gegeben. Inzwischen kann ich unter dem ständig steigenden Druck bald nicht mehr. Ich fühle mich leer, ausgebrannt, ohne Lebendigkeit und Kreativität. Jeden Tag schleppe ich mich nur mit innerer Anstrengung ins Büro. Dabei weiß ich, dass ich das eigentlich niemanden merken lassen und meine Grenzen nicht zugeben darf, weil die Situation auf dem Arbeitsmarkt – zumindest in unserer Branche – keine Rücksicht auf den Einzelnen nimmt.

Man wird schnell ausgetauscht, weggeworfen und ersetzt.

Bevor ich meine Grenze vor den Vorgesetzten zugebe, würde ich erst einen anderen Weg wählen. Ich würde erst einmal für mich sorgen. Die erste Sorge gilt der Frage: Woraus schöpfe ich meine Kraft? Wenn ich meine Kraft aus dem Ehrgeiz schöpfe, meine Vorgesetzten zufrieden zu stellen, dann bin ich schnell erschöpft. Sie müssen mit Ihrer eigenen inneren Quelle, mit der Quelle der eigenen Kreativität oder letztlich mit der Quelle des hl. Geistes, in Berührung kommen. Dann können Sie daraus schöpfen, ohne zu schnell erschöpft zu werden. Der andere Weg geht über das Abgrenzen. Setzen Sie sich klare Grenzen, über die Sie nicht hinausgehen. Da sind einmal die zeitlichen Grenzen. Arbeiten Sie nicht über das normale Maß der Zeit hinaus. Und dann brauchen Sie innere Grenzen, um sich von den Erwartungen der anderen abzugrenzen. Setzen Sie sich selbst nicht unter Druck. Sagen Sie sich immer vor: Ich mache die Arbeit, weil ich es will, nicht weil ich nur die Erwartungen anderer erfüllen muss. Erarbeiten Sie sich wieder Ihre innere Freiheit. Dann können Sie souveräner mit der Situation umgehen. Solange Sie nur darauf starren, ob Sie den Arbeitsplatz verlieren könnten, geben Sie Ihrem Chef zuviel Macht. Und Sie setzen sich selbst zu sehr unter Druck. Nehmen Sie sich die innere Freiheit. Arbeiten Sie, so gut Sie können. Aber versuchen Sie, gut mit sich selbst umzugehen und sich die Auszeiten zu gönnen, die Ihnen gut tun und Ihnen das Gefühl geben, dass Sie selbst arbeiten und nicht einfach nur Erwartungen erfüllen müssen.

> Versuchen Sie, gut mit sich selbst umzugehen und sich die *Auszeiten* zu gönnen, die Ihnen gut tun.

Meine Chefin leidet unter Kontrollzwang. Vertrauen gibt es so gut wie nicht, sie will alles nachprüfen und jede Kleinigkeit sehen. Es nützt mir wenig, wenn ich weiß, dass diese ungute Eigenschaft in ihrer unglücklichen Kindheit begründet sein mag. Ich kann sie in meiner Position weder psychotherapieren noch will ich der Typ des unterwürfigen Chefverstehers sein, der alles nachsieht. Richtig wehren kann ich mich auch nicht, weil sie in der stärkeren Position ist, aber frustrierend und demotivierend ist es schon.

Wie kann ich aus diesem unguten Klima herauskommen?

Sie brauchen Ihre Chefin nicht zu therapieren. Und Sie müssen auch nicht alles verstehen. Das Verstehen ist nur eine Hilfe, ihr Verhalten nicht persönlich zu nehmen. Wenn Sie verstehen, dass sie unter Kontrollzwang leidet, dann lassen Sie die Krankheit bei ihr. Aber Sie geben der Krankheit keine Macht über sich. Sie grenzen sich davon ab. Schauen Sie zu, wie Ihre Chefin ihre Zwänge ausagiert. Aber bleiben Sie Zuschauer. Sie müssen da nicht mitspielen. Sie brauchen da eine innere Freiheit gegenüber ihren Zwängen. Wenn Sie sich von ihren Zwängen beeindrucken lassen, dann ordnen Sie sich ihren Zwängen unter. Lassen Sie die Zwänge bei ihr selbst. Sie müssen nicht immer und überall Rechenschaft ablegen. Nehmen

Sie das Ganze mit mehr Humor. Wenn Sie die Chefin nur verstehen wollen, dann ordnen Sie sich ihr unter und geben ihr zuviel Macht. Dann wäre das Verständnis letztlich eine Entschuldigung für die Chefin. Und zugleich würden Sie sich damit überfordern. Sie würden die Verantwortung für die Chefin übernehmen. Verstehen hat aber mit Stehen und Stehvermögen zu tun. Versuchen Sie, die Chefin zu verstehen, aber bewahren Sie dabei Ihren eigenen Stand. Grenzen Sie sich von ihr ab. Sie lassen die Zwänge bei ihr und stellen sich vor, dass Sie als Zuschauer eine ganze Menge lernen, welche Spiele Menschen spielen können und wie sich Zwänge verheerend auf das Leben des Einzelnen und einer Gruppe auswirken können.

> Wenn Sie sich von den *Zwängen* anderer beeindrucken lassen, dann ordnen Sie sich ihren Zwängen unter.

Meine Beanspruchung durch Familie – wir haben drei Kinder, die noch in die Schule gehen – und durch den Job wird immer größer. Das nimmt Ausmaße an, die mich an den Rand der Depression und der Erschöpfung führen. Ich bin zu Hause kaum mehr ansprechbar, schnell gereizt, aggressiv und lustlos. Es macht nicht nur mich krank, sondern auch die Beziehung zu meinem jetzigen Lebenspartner. Ich kann den Job auch nicht hinschmeißen – obwohl ich das am liebsten täte. Aber aus dem „Netz" ist man heutzutage ja schnell heraus gefallen, wenn man einmal ohne Arbeit ist.

Wir brauchen das Geld, das ich verdiene.

Wenn Sie auf Dauer überfordert sind, ist es sinnvoll, sich nach einem andern Job umzusehen. Aber erst wenn Sie etwas anderes gefunden haben, würde ich kündigen. Solange Sie nichts anderes finden, würde ich eine andere Strategie fahren. Zunächst fragen Sie sich, wie Sie sich am besten regenerieren können. Ist es der Sport, die Musik, das Spielen mit den Kindern? Oder ist es die Stille, in der Sie für sich selbst sind? Dann brauchen Sie gute Rituale, um die Arbeit von der Familie zu trennen. Rituale schaffen eine Zäsur zwischen Arbeit und Familie. Aber zugleich braucht es innere Bilder. Wenn Sie mit dem Bild nach Hause kommen, dass jetzt auch noch die Kinder ihre Erwartungen an Sie haben,

> Achten Sie auf Ihre *Gefühle*, wenn Sie zur *Arbeit* geben.

dann fühlen Sie sich überfordert. Sie brauchen andere Bilder. Stellen Sie sich vor, dass es Ihnen gut tut, sich auf die Kinder einzulassen. Die bringen Sie auf andere Gedanken. Die helfen Ihnen, die Arbeit zu relativieren und loszulassen. Und stellen Sie sich vor, dass Sie nach Hause kommen, wo Sie Ihren eigenen Bereich haben und Ihre eigene Welt aufbauen, dann bekommen Sie Lust darauf, nach Hause zu gehen. Und Sie werden das Miteinander mit den Kindern nicht als Stress erleben. Setzen Sie sich nicht unter Druck, sondern nehmen Sie die Familie als Übungsfeld, die Arbeit loszulassen und in eine andere Welt einzutauchen, die Ihnen gut tut. Solche Bilder brauchen Sie auch für Ihre Arbeit. Gehen Sie nicht mit dem Bild in die Arbeit, dass Sie ausgequetscht werden, sondern mit dem Bild des aufrechten und freien Menschen, der Lust hat, andern zu begegnen und mit ihnen etwas zu unternehmen. Achten Sie auf Ihre Gefühle, wenn Sie zur Arbeit geben. Lassen Sie sich nicht von der Situation bestimmen, sondern setzen Sie der Situation Ihre eigenen Gefühle und Bilder entgegen.

Beruflich bin ich Vorgesetzte von mehreren Mitarbeiterinnen, für die ich mich voll einsetze. Zu helfen hat immer schon zu meinen Zielen gehört. Hilfsbereitschaft, Nächstenliebe, Pflege der Angehörigen bis zum Tod gehörte in meiner Familie zu den Pflichten. Es ging immer darum, zu schauen, wer ist das schwächste Glied und wer braucht Hilfe. Die eigenen Bedürfnisse wurden zurückgestellt. So ist es bis heute. Ich leide allerdings seit einiger Zeit unter starken gesundheitlichen Beschwerden. Die zwingen mich nun, stärker auf mich selber zu schauen. Was soll ich tun?

> *Es macht mir ein schlechtes Gewissen, hinter meinen eigenen Ansprüchen zurückzubleiben.*

Sie dürfen dankbar sein für die Werte, die Sie in Ihrer Familie gelebt und gelernt haben. Allerdings haben alle guten Seiten, die wir leben, immer auch eine Schattenseite. Und die Schattenseite besteht darin, dass wir an uns und unseren Bedürfnissen vorbei leben. Das führt jedoch entweder zur Verbitterung und zur Härte oder aber zur Überforderung … In Ihrem Fall zeigt Ihnen Ihr Körper, dass Sie nicht einseitig die Hilfe für andere leben dürfen. Denn sonst würden Sie sich überfordern. Sie brauchen sich nun nicht um 180 Grad zu drehen. Das würde für Sie nicht stimmen.

> Gönnen Sie es sich, sich *eigene* Bedürfnisse zu erfüllen.

Aber Sie sollen die Sorge, die Sie für andere empfinden, nun auch für sich selbst haben. Spüren Sie, was Ihre Grenze ist. Wie Sie schreiben, haben Sie ein schlechtes Gewissen, wenn Sie hinter Ihren eigenen Ansprüchen zurück bleiben. Sie müssen sich nur verabschieden von der Illusion, dass Sie immer nur für andere da sein können. Und Sie müssen sich verabschieden von der Illusion, dass Sie schuldlos durch das Leben gehen können. Sie haben keine Garantie, ob das, was Sie tun, richtig ist, ob Sie sich zu früh abgrenzen und vielleicht doch noch mehr helfen könnten. Ihr Leib zwingt Sie dazu, sich auszusöhnen mit der eigenen Begrenztheit. Entscheiden Sie sich im Hinhorchen auf Ihren Leib und Ihre Seele, wie viel Sie für andere tun wollen und was Sie für sich selbst brauchen an Zeit und Zuwendung. Gönnen Sie es sich, sich eigene Bedürfnisse zu erfüllen. Sie dürfen vertrauen, dass Ihre Prägung Sie schon davor bewahren wird, nur noch auf die eigenen Bedürfnisse zu schauen. Aber genießen Sie es, ohne ein schlechtes Gewissen zu haben, wenn Sie sich ein Bedürfnis erfüllen. Wenn sich das schlechte Gewissen trotzdem meldet, dann halten Sie es Gott hin und danken ihm, dass er Ihnen das Leben gönnt. Er spricht auch durch Ihre eigenen Gefühle und Bedürfnisse zu Ihnen. Er zeigt Ihnen, was Sie zum Leben brauchen, damit Sie dann auch für andere da sein können.

Seit einiger Zeit werde ich gemobbt. Nicht nur meine Kolleginnen sprechen nicht mehr mit mir. Mein Chef verhält sich nur noch verächtlich mir gegenüber. Es sollen Stellen gestrichen werden, und man versucht, mir das Leben so zu verleiden, dass ich von mir aus gehe. Mein Selbstbewusstsein ist total am Boden.

Wie kann ich zu neuer Kraft und zu einem halbwegs vernünftigen Miteinander kommen?

Als Mobbingopfer ist man oft der Sündenbock, auf den alle Probleme, aufgeladen werden, die in der Firma unter den Teppich gekehrt werden. Der beste Weg wäre daher, eine Teamsupervision zu beantragen, um die Ursachen des Konfliktes zu erforschen. Aber wenn Ihr Chef Ihnen gegenüber sich nur verächtlich verhält, ist es unwahrscheinlich, dass das Team bereit ist, sich den wirklichen Problemen zu stellen. Dann bleibt nur der Weg übrig, sich innerlich von den Kollegen und vom Chef unabhängig zu machen. Dabei müssen Sie Ihre eigene Grenze respektieren. Wenn Sie sich zu schwach fühlen, um in dieser feindlichen Atmosphäre zu bestehen, dann können Sie sich entweder Hilfe von außen (eine Einzelsupervision oder Therapie) suchen oder aber die Konsequenz ziehen und sich etwas anderes suchen. Die Suche nach einem anderen Arbeitsplatz darf aber nicht zu einer Flucht werden. Vielmehr sollten Sie das Mobbingverhalten zum Anlass zu nehmen, die eigenen Bedürfnisse genauer anzuschauen. Möchte ich wirklich hier länger arbeiten? Oder gab es schon vor dem Mobbing in mir eine innere Stimme, die mir sagte, dass das hier nicht mein Platz ist? Wenn das der Fall ist, dann kann das Mobbing sogar einen Sinn entfalten. Es will Sie ermutigen, Ihren eigenen Weg zu gehen.

> Unter Umständen kann sogar das *Mobbing* für Sie einen *Sinn* entfalten.

*E*igentlich bin ich sehr erfolgreich im Beruf. Aber nicht einmal über meine Erfolge kann ich mich freuen, weil mir schon die nächste Herausforderung im Nacken sitzt und meine ganze Kraft und Konzentration fordert.

Wie kann ich wieder zu Lebensfreude, zur Lust am eigenen Leben jenseits des Berufs finden?

Sie dürfen dankbar sein für Ihre Erfolge im Beruf. Aber Sie sollen nicht Ihre ganze Identität aus dem Beruf ziehen. Wer sind Sie selbst unabhängig vom Beruf? Was ist Ihr inneres Wesen? Worauf haben Sie Lust? Wo fühlen Sie sich mit sich selbst identisch und im Einklang mit Ihrem innersten Wesen? Das ist der eine Weg, die Arbeit zu relativieren. Der andere Weg besteht darin, die Herausforderungen im Beruf anders zu sehen. Sie sprechen davon, dass die nächste Herausforderung Ihnen schon im Nacken sitzt. Das ist ein sehr negatives Bild, das Ihnen die Arbeit schwer macht. Sie brauchen positivere Bilder, um auf die Herausforderungen in der Arbeit zu reagieren. Vielleicht nehmen Sie ein sportliches Bild. Die Herausforderung sitzt Ihnen nicht im Nacken, sondern lockt neue Kräfte und Möglichkeiten in Ihnen hervor. Oder Sie fühlen sich wie ein Sportler, der trainiert. Er vergleicht sich nicht mit andern, ob er besser ist als die andern. Er hat vielmehr ein Gespür für die eigenen Kräfte und für die eigenen Grenzen.

Sie brauchen positivere Bilder, um auf die Herausforderungen in der Arbeit zu reagieren.

Überlegen Sie, mit welchem inneren Bild Sie morgens in die Arbeit gehen wollen. Vielleicht könnte es das Bild des aufrechten Menschen sein, der aufrecht in die Arbeit geht und Lust hat, das anzupacken, was ansteht, ohne sich unter Druck setzen zu lassen. Die Herausforderung sitzt Ihnen nicht im Nacken. Sie steht vielmehr vor Ihnen. Sie packen sie an. Sie nehmen sie in die Hand und gestalten und formen sie mit Kreativität und Phantasie.

In der Verkaufsabteilung des Unternehmens, in dem ich arbeite, müssen wir uns gegen die immer härter werdende Konkurrenz auf dem immer schwieriger werdenden Markt durchsetzen. Ich merke selber, wie der Überlebenskampf meine Aggressionen hervorruft, wie es darum geht, den Konkurrenten zu vernichten. Letztlich geht es ja darum, den anderen zu verdrängen, um selber zu überleben. Es ist wie ein Jagdfieber. So funktioniert aber unsere Wirtschaft. Ich habe aber zwischendurch auch das Gefühl, dass es mir überhaupt nicht gut tut, so zu leben.

Aussteigen kann ich nicht – welche Alternativen bleiben mir?

Sie können nicht aussteigen aus der Aufgabe, die Sie haben. Sie müssen die Produkte Ihrer Firma verkaufen. Aber Sie können aussteigen aus den Bildern, die Ihnen die Firma anbietet und die Sie verinnerlicht haben, aus den aggressiven Bildern der Jagd, des Verdrängens oder Vernichtens. Nehmen Sie eher das Bild des sportlichen Wettbewerbs. Sie laufen gemeinsam mit anderen. Und jeder möchte schneller laufen. Aber Sie können nicht unter allen Umständen immer der erste sein. Spüren Sie, was Ihre Möglichkeiten sind und wo Ihre Grenzen und die Grenzen der Firma liegen. Und dann suchen Sie nach Trainingsmethoden, um das Potential, das Sie in sich haben, zu optimieren. Aber verabschieden Sie sich von allen allzu aggressiven Bildern. Lassen Sie sich von den anderen nicht die Bilder vorschreiben, sondern schauen Sie in Ihr eigenes Herz, welche guten Bilder da in Ihnen aufsteigen. Vielleicht ist es das Bild, dass Sie mit Ihren Produkten Hoffnung verkaufen, Hoffnung auf ein besseres Leben. Wenn Sie mit solchen Bildern verkaufen, werden Sie sich nicht von den anderen getrieben fühlen. Sie kämpfen nicht gegen andere, sondern für das, was Sie vertreten. Aber Sie müssen davon überzeugt sein, dass Ihre Produkte den Menschen gut tun, dass sie ihnen Hoffnung vermitteln und ihr Leben bereichern.

> Sie *kämpfen* nicht gegen andere, sondern für das, was Sie *vertreten*.

Man hat mich kürzlich zum Chef einer Abteilung und damit zum Vorgesetzten ehemaliger Kollegen gemacht, mit denen ich auch jenseits des Büros ein ganz gutes persönliches Verhältnis hatte. Ich spüre jetzt, wie sie sich zurückziehen, merke wie sie mich in manchem zu „unterlaufen" versuchen. Natürlich kenne ich – vielleicht sogar genauer als sie – auch meine Grenzen.

Aber wie umgehen mit Misstrauen und Neid?

Zunächst müssen Sie akzeptieren, dass Sie als Chef nicht mehr Kollege unter Kollegen sind. Sie haben eine gewisse Einsamkeit mit Ihrem Chefsein mit in Kauf genommen. Mit dieser Einsamkeit müssen Sie sich aussöhnen. Ich würde nicht sofort bei den Kollegen fragen, ob sie nur neidisch sind und meinen Posten auch am liebsten hätten. Vielleicht ist der Widerstand der Kollegen ein Zeichen dafür, dass Sie noch nicht richtig ja gesagt haben zu Ihrer neuen Rolle. Überlegen Sie, wie Sie diese Rolle klar und eindeutig leben wollen. Entschuldigen Sie sich nicht innerlich – oft geschieht das nur unbewusst – vor den Kollegen, dass Sie den Chefposten bekommen haben. Identifizieren Sie sich mit Ihrem Chefsein. Sie müssen den Chef nicht heraushängen lassen. Aber Sie müssen trotzdem klar ja dazu sagen, dass Sie jetzt Chef sind und nicht mehr zu den Kollegen gehören. Sie sollen

Ihre Schwächen nicht verdrängen. Aber im Bewusstsein Ihrer eigenen Grenzen sind Sie jetzt Chef. „Chef" kommt von „caput", das Haupt. Sie nehmen jetzt die Stelle des Hauptes in der Firma ein. Dazu sollen Sie stehen. Führen heißt: Verantwortung für das Ganze übernehmen und seine Macht dazu benutzen, Leben in den Mitarbeitern zu wecken. Führen heißt letztlich dienen. Es ist nicht immer nur angenehm. Sie haben einen Dienst und eine Verantwortung für Ihre Mitarbeiter übernommen. Dafür müssen Sie sich nicht entschuldigen. Wenn Sie sich innerlich klar dazu bekennen, werden sich die Kollegen Ihnen gegenüber anders verhalten.

> *Führen* heißt: Verantwortung für das Ganze übernehmen und seine Macht dazu benutzen, *Leben* in den Mitarbeitern *zu wecken*.

Ich stehe vor einer privat und beruflich sehr wichtigen Entscheidung. Ich muss in allernächster Zeit zu einer Lösung kommen, so oder so. Ich bin innerlich wie zerrissen und sehe einfach nicht klarer. Ich bete jeden Tag und bitte Gott, er möge mir doch den richtigen Weg weisen. Aber mein Zustand der inneren Zerrissenheit wird dadurch nicht besser. Im Gegenteil, ich fühle mich wie das berühmte Kaninchen vor einer Schlange, das das Unglück kommen sieht, sich aber nicht in Sicherheit bringen kann, weil es wie gelähmt vor der Schlange sitzen bleibt.

Wie komme ich zu einer guten Entscheidung?

Es ist gut, dass Sie um eine richtige Entscheidung beten. Aber Gott wird Ihnen nicht einfach die Lösung klar und vernehmlich sagen. Das Gebet ist eine Hilfe, von den Überlegungen weg zu kommen und tiefer in das eigene Herz zu schauen. Halten Sie im Gebet Ihre Zerrissenheit Gott hin. Vielleicht bewirkt das in Ihnen Ruhe und Klarheit. Doch wenn das Gebet keine Klarheit bringt und Sie weiterhin so zerrissen fühlen, können Sie sich nicht entscheiden. Erst wenn Sie in sich innere Klarheit spüren, können Sie eine Entscheidung treffen.

Damit Sie innere Klarheit finden, gibt es Hilfen. Die eine wäre: Sie stellen sich vor: Ich habe mich für diese Alternative entschieden. Wie geht es mir damit in fünf oder zehn Jahren? Welche Bilder tauchen in mir auf? Welche Gefühle steigen in mir hoch? Und dann versetzen Sie sich in die andere Alternative. Wie geht es mir damit in fünf oder zehn Jahren? Beachten Sie bei beiden Alternativen die Gefühle, die in Ihnen hochsteigen. Gottes Wille – so sagen die frühen Mönche – erkennen wir, wenn wir in uns inneren Frieden, Freiheit, Lebendigkeit und Liebe spüren.

> Ohne den *Schmerz* des Betrauerns der eigenen *Begrenztheit* kann ich mich nicht entscheiden.

Die andere Hilfe, zu einer klaren Entscheidung zu kommen, könnte in folgender Übung bestehen. Sie leben zwei Tage mit der ersten Alternative. Beim Aufstehen, beim Frühstücken, bei der Arbeit, bei allem, was Sie tun, denken Sie: Ich habe mich für diesen Weg entschieden. Und dann leben Sie zwei Tage mit der anderen Alternative. Nach vier Tagen können Sie dann die Gefühle und innere Stimmungen vergleichen, die Sie bei den verschiedenen Alternativen hatten. Auch hier gilt: Dort, wo mehr Friede, Freiheit, Lebendigkeit und Liebe war, dort dürfen Sie Gottes Willen erkennen. Wenn Sie bei beiden Übungen keine Klarheit finden, müssen Sie sich eingestehen, dass die Zeit für eine Entscheidung noch nicht reif ist. Allerdings gibt es keine absolute Klarheit. Sie sollen sich davon verabschieden, dass Sie die absolut richtige Entscheidung treffen müssen. Und machen Sie sich bewusst, dass jede Entscheidung für etwas immer auch eine gegen die andere Alternative ist. Das, was Sie ausschließen, müssen Sie betrauern. Ohne den Schmerz des Betrauerns der eigenen Begrenztheit kann ich mich nicht entscheiden. Und es braucht das Vertrauen, dass Gott Sie auf dem Weg, für den Sie sich entschieden haben, auch begleitet und ihn segnet.

Sie sagen, man solle mit Werten führen. Aber was ist, wenn Umsatz und Ertrag, wenn Gewinnmaximierung und Betriebsergebnis die höchsten Werte sind?

Was sind nichtmaterielle Werte in der Führung eines Unternehmens?

Natürlich muss ein Unternehmen Gewinn machen. Sonst kann es auf Dauer nicht bestehen. Aber wenn die Gewinnmaximierung als höchster Wert gesehen wird und wenn vor allem der Gewinn jedes Jahr steigen muss, dann wird der Wert des Menschen nicht mehr geachtet. Der Mensch wird dem finanziellen Wert zum Opfer gebracht. Das kann vielleicht kurzfristig für das Betriebsergebnis eines Unternehmens gut sein. Aber auf Dauer ist ein Unternehmen nur wertvoll, wenn es die wirklichen Werte achtet, wie Gerechtigkeit, Ehrlichkeit, Fairness, Solidarität, Tapferkeit, Maß, Nachhaltigkeit, Klugheit. Wer diese Werte schätzt, der schöpft auch finanzielle Werte. Auf Dauer wird sein Unternehmen auch wirtschaftlich erfolgreich sein. Doch wer nur auf den Erfolg fixiert ist und dem Erfolg die menschlichen Werte opfert, der schneidet sich ins eigene Fleisch. Denn in einem Unternehmen, in dem Menschen nicht mehr geachtet werden, will auf Dauer niemand mehr gerne arbeiten. Heute braucht es eine gute Unternehmenskultur, um gute Mitarbeiter zu gewinnen. In einem Unternehmen, in dem Werte missachtet werden, fühlt man sich auf Dauer nicht geachtet. Missachtung der Werte führt immer zur Selbstverachtung und Menschenverachtung. Und das wiederum macht das Miteinander wertlos. Doch wenn das Miteinander nicht stimmt, wird auf Dauer auch das Ergebnis nicht stimmen. Denn dann geht ein großer Teil des Potentials durch Intrigen und unreife Spiele verloren. Werte sind letztlich auch für ein Unternehmen Kraftquellen, aus denen es schöpfen kann. Wenn die finanziellen Werte die wichtigsten sind, verliert ein Unternehmen seine wirklichen Quellen, die seinem Wirken Fruchtbarkeit und Segen verleihen.

> Auf Dauer ist ein Unternehmen nur wertvoll, wenn es die *wirklichen Werte* achtet.

SELBSTFINDUNG, SELBSTSICHERHEIT, SELBSTVERTRAUEN

In fast allen Medien ist heute von Selbstfindung und Selbstvertrauen die Rede. Aber je mehr wir darüber sprechen, desto schwerer tun sich die Menschen, ihr wahres Selbst zu finden. Jeder Psychologe sagt uns, dass wir uns selbst annehmen sollen. Aber die Frage ist, wie es gelingt, sich selbst zu akzeptieren. Wir spüren unsere Defizite gerade im Blick auf die oft zu hohen Ideale, die uns in den Medien vor Augen geführt werden. Auf der einen Seite ist es gut, dass wir uns nicht zur Ruhe setzen, sondern uns auf den Weg machen, an uns arbeiten und immer authentischer werden. Auf der anderen Seite müssen wir uns verabschieden von zu hohen Idealen. Diese hinterlassen in uns nur Frustration oder Ruhelosigkeit. Wir arbeiten immer mehr an uns und kommen doch keinen Schritt weiter. Da ist es wichtig, sich mit der eigenen Durchschnittlichkeit auszusöhnen. Das heißt nicht, die Hände in den Schoß zu legen. Aber es heißt, sich von der Illusion zu befreien, ich müsse auch das persönliche Wachstum immer mehr beschleunigen. Wir übernehmen auch im persönlichen Bereich der Selbstfindung heute Begriffe der Wirtschaft. Das tut uns nicht gut.

So geht es darum, von der Spiritualität und Psychologie her einen gangbaren Weg zu finden, wie wir in Einklang kommen mit uns selbst, mit unserem Leib, mit unserer Seele, mit unseren Stärken und mit unseren Schwächen, mit unserem Älterwerden und mit unserem Zurückbleiben hinter all den Verheißungen, die uns heute manche therapeutischen oder esoterischen Bewegungen vor Augen halten. Es braucht im Umgang mit uns selbst die alten Haltungen der Demut und des rechten Maßes. Nur dann werden wir einen Weg finden, uns mit uns auszusöhnen, Ja zu sagen zu uns, so wie wir sind, und zugleich die Hoffnung nicht aufzugeben, dass wir innerlich weiter wachsen werden und immer mehr in die Gestalt hinein geformt werden, die sich Gott von uns gemacht hat.

Bei den Fragen um die persönliche Selbstfindung wird häufig das Thema der Spiritualität genannt. Dieser Begriff wird heute gerne gebraucht, aber unscharf. Jeder versteht etwas anderes darunter. Spiritualität meint eigentlich: Leben aus dem Geist. Und als Christen ist es für uns der Heilige Geist, der uns durchdringt und aus dessen Quelle wir leben möchten. Viele verstehen unter Spiritualität heute, sich mit geistigen Dingen zu beschäftigen, sich auf Meditation einzulassen oder spirituelle Kurse zu belegen. Das sind immer konkrete Weisen, wie sich Spiritualität ausdrücken kann. Viele fühlen sich von ihrer Umgebung nicht verstanden, wenn sie einen spirituellen Weg gehen. Sie verunsichern mit ihrer spirituellen Suche ihre Umgebung. Denn in jedem von uns steckt diese tiefere Sehnsucht – letztlich nach einem Leben aus Gott und mit Gott. Aber wir verdrängen diese Sehnsucht häufig. Wenn sich nun jemand in unserer Nähe auf den spirituellen Weg begibt, dann erinnert er uns an diese verdrängte Sehnsucht. Wir wollen unsere Sehnsucht nicht wahrhaben. Dann stehen wir in Gefahr, die spirituelle Suche des anderen zu entwerten. Es sind vor allem Menschen, denen es nur um Geld und Erfolg geht, die die Spiritualität anderer lächerlich machen müssen, um nicht mit dem eigenen schlechten Gewissen in Berührung zu kommen. Denn in ihnen gibt es eine Stimme, die ihnen sagt, dass Geld und Erfolg allein nicht das Leben ausmachen.

Ein spirituell Suchender braucht großes inneres Vertrauen, um sich von diesen Entwertungen nicht bestimmen zu lassen. Umgekehrt gibt es natürlich auch Übertreibungen auf dem spirituellen Weg. Manchmal sind die kritischen Anfragen von außen durchaus berechtigt. Sie mahnen uns, uns zu fragen, ob wir mit unserem spirituellen Weg nicht vor den Herausforderungen des Alltags fliehen. Für die frühen Mönche war die Realitätskontrolle immer ein wichtiges Kriterium. Wenn ich mich der Wirklichkeit stelle und sie mit dem Geist Gottes durchdringe, dann ist es ein guter spiritueller Weg. Wenn ich mich jedoch der Verantwortung in der Familie oder in der Firma durch meine spirituelle Praxis entziehe, dann ist es nicht die Spiritualität, die uns Jesus verkündet hat.

Ein wichtiges Thema bei der Selbstfindung ist die Aussöhnung mit dem Älterwerden. Da ist einmal die Krise der Lebensmitte, die viele spüren. Die Krise der Lebensmitte, die C. G. Jung zwischen 35 und 45 Jahren ansetzt – inzwischen liegt sie vermutlich eher zwischen 40 und 50 –, ist für viele ein Einbruch. Sie kommen mit sich nicht mehr zurecht. Sie fragen sich nach dem Sinn des Lebens. Zugleich werden sie in dieser Zeit oft auch offen für spirituelle Themen. Sie spüren, dass Geld allein nicht glücklich macht, dass sie nicht nur erfolgreich sein können. C. G. Jung meint ja einmal, der Erfolg sei der größte Feind der Verwandlung. Wer sich nur auf äußeren Erfolg stützt, der verliert die Beziehung zu seinem wahren Selbst. Er verkümmert innerlich und bleibt in seiner Selbstwerdung stehen. Die Lebensmitte lädt uns ein, nach innen zu gehen und dort einen neuen Grund für unser Leben zu suchen. Letztlich suchen wir nach Gott als dem tragfähigen Grund, auf den wir unser Lebenshaus bauen können.

Schon in der Lebensmitte werden wir mit dem Älterwerden konfrontiert. Spätestens nach der Pensionierung wird uns dieses Thema von neuem gestellt. Da tauchen Ängste auf, wie wir mit dem eigenen Älterwerden, mit den typischen Gebrechen des Alters oder gar mit Alzheimer und Demenz umgehen können, wenn es uns trifft. Wir sollen uns in diese Angst nicht hineinsteigen. Aber wenn sie auftaucht, will sie uns daran erinnern, wer wir eigentlich sind und was unsere tiefste Identität ausmacht. Was ist das Geheimnis des Menschen, der im Alter schwächer wird und sterben wird? Welche Lebensspur wollen wir in diese Welt eingraben, wenn wir nicht mehr im Mittelpunkt stehen? Was trägt uns, wenn uns unsere Gesundheit nicht mehr trägt? Die Konfrontation mit dem Älterwerden ist immer auch eine spirituelle Herausforderung. Letztlich können wir uns mit dem Älterwerden und Schwächerwerden nur aussöhnen, wenn wir einen tieferen Grund in uns entdecken, wenn wir Gott in uns finden. Wenn Gott in uns wohnt, wenn Gott in uns herrscht – das meint der Begriff des Reiches Gottes –, dann sind wir frei von den Maßstäben der Welt, dann haben wir auch dann, wenn wir nach außen nichts mehr leisten, alles, was wir brauchen. Gerade im Alter können wir immer durchlässiger werden für Gott. Dann bekommt unser Altwerden einen neuen Sinn: Zeuge zu sein für den Gott, der die Toten lebendig macht, für den Gott der Hoffnung und der Liebe.

Ein anderes Thema, das immer wieder im Zusammenhang mit dem Alter auftaucht, ist der Umgang mit den alten Eltern. Da gibt es die Sorge um die Eltern und die Bereitschaft, sie zu pflegen, wenn sie hilfsbedürftig sind. Aber es gibt auch die Angst, mit der Pflege überfordert zu sein. Ganz gleich, ob wir die alten Eltern selber pflegen oder uns um sie kümmern, wenn sie im Altenheim sind, immer geht es auch darum, uns mit ihnen auszusöhnen, eine neue Beziehung zu ihnen aufzubauen, um auf gute Weise von ihnen Abschied zu nehmen. Der Umgang mit den alten Eltern konfrontiert uns mit dem eigenen Älterwerden. Und er stellt uns die Aufgabe, die eigenen Wurzeln zu bedenken, für die guten Wurzeln dankbar zu sein, die wir von den Eltern empfangen haben, und die Wunden, die wir auch erlitten haben, in etwas Kostbares zu verwandeln. Gerade die letzte Wegstrecke, die wir mit den alten Eltern gehen, kann ein Weg der Versöhnung, der Dankbarkeit und der Liebe sein. Und wir sollten die Gelegenheit nutzen, das Geheimnis der Eltern zu entdecken. Woraus haben sie gelebt? Was hat sie getragen? Warum haben sie so gehandelt? Wie haben sie die Verletzungen ihrer Kindheit bewältigt? Was hat sie getragen? Wenn wir die Eltern erzählen lassen, tut es ihnen gut. Und wir erfahren mehr von ihrem Geheimnis und dadurch letztlich auch über uns und unsere Wurzeln, aus denen wir leben.

Ich merke bei mir, bei aller Hektik, die ich aufbringe, um meine alltäglichen Dinge irgendwie zu bewältigen, immer wieder ein Gefühl der „Wurstigkeit" für alles – ich habe zu nichts mehr richtig Lust. Ich komme mit mir selber nicht mehr klar, und auch meine Beziehung zu Gott ist nicht mehr da.

Was kann ich für mich und für mein spirituelles Leben tun?

Zunächst sollten Sie sich selbst nicht verurteilen. Sie können vielmehr das Gefühl der „Wurstigkeit" ernst nehmen. Das hat ja einen Sinn. Damit wollen Sie sich schützen gegen eine zu große Überforderung. Und dann fragen Sie sich, wonach sich Ihre Seele sehnt. Wo beginnt sich Ihre Seele zu regen? Ist es die Musik, ist es die Stille oder ein gutes Buch oder ein Spaziergang? Gönnen Sie sich das, wonach sich Ihre Seele sehnt. Vielleicht haben Sie den Eindruck, dass Sie gar nicht wissen, wonach Sie sich sehnen. Dann lassen Sie sich Zeit, in sich selbst hinein zu horchen. Was will mir die „Wurstigkeit" sagen? Wogegen schütze ich mich? Was will ich nicht wahrhaben? Will ich nicht akzeptieren, dass mein Leben momentan nicht stimmt, dass ich wieder mit meinem wahren Selbst in Berührung kommen sollte?

> Fragen Sie sich, wonach sich Ihre *Seele* sehnt. Lassen Sie sich *Zeit*, in sich selbst hinein zu horchen.

Dann überlegen Sie, was Ihrem geistlichen Leben gut tun könnte. Sind es Rituale, ist es die Meditation oder wieder die Teilnahme am Gottesdienst? Oder ist es ein spiritueller Kurs? Aber bevor Sie nach konkreten Schritten fragen, die Sie tun möchten, sollten Sie sich überlegen, was für Sie Spiritualität bedeutet. Wonach sehnen Sie sich, wenn Sie von Spiritualität sprechen? Ist es die persönliche Beziehung zu Gott oder zu Jesus Christus? Die Beziehung kann man nicht einfach herstellen. Aber Sie können sich und Ihre Wahrheit in der Stille Gott oder Jesus hinhalten. Stellen Sie sich vor, dass Sie mit allem, was Sie sind, auch mit Ihrer Leere und „Wurstigkeit" von Gottes Liebe umgeben sind, dass Sie ganz und gar angenommen sind. Dann kann in Ihnen ein tiefer Friede entstehen. Und Sie ahnen, was es heißt, von Gott geliebt zu sein. Da ist dann etwas von einer persönlichen Beziehung zu spüren. Aber Sie sollen sich nicht zu Gefühlen zwingen. Manche meinen, sie müssten die gleichen Gefühle zu Gott haben, die sie in der Jugend hatten. Wir können die Gefühle nicht hervorrufen. Doch wenn wir uns und unsere Wirklichkeit Gott hinhalten, dann können Gefühle der Freiheit und der Dankbarkeit entstehen, dann erahnen wir, wer Gott ist, dass er die Liebe ist, die zwar oft genug unbegreiflich, aber zugleich grenzenlos ist.

Alle reden von Werten, von der Notwendigkeit, sie den Kindern weiterzugeben und als Vorbild zu leben. Alle gehen davon aus, dass eine Gesellschaft ohne Wertverankerung aus den Fugen geht.

Wie kann ich Werte leben, wenn mir keine Werte vermittelt worden sind?

In jedem von uns ist auch die Sehnsucht danach, wertvoll zu sein, eine unzerstörbare Würde zu haben. Wenn ich mit dieser Sehnsucht in Berührung komme, dann ahne ich auch, was Werte sind. Werte – so sagt die lateinische Sprache – sind „virtutes", Kraftquellen, aus denen wir schöpfen können. Es sind Tugenden, Tüchtigkeiten, die dazu dienen, dass unser Leben gelingt. Und sie sind Haltungen, die unserem Leben Halt geben. Entscheidend an den Werten ist aber, dass sie der Würde des Menschen entsprechen. Die griechische Philosophie hat vier Grundwerte beschrieben: Gerechtigkeit, Tapferkeit, Maß und Klugheit. Wir würden diese Grundtugenden heute ergänzen: Ehrlichkeit, Solidarität, Zivilcourage, Nachhaltigkeit und Verantwortung für die Zukunft.

Wenn Ihnen keine Werte vermittelt worden sind, dann haben Sie es nicht leicht, an den eigenen Wert zu glauben. Aber trauen Sie Ihrer inneren Ahnung von Ihrer Würde. In Ihre Seele sind die Werte eingeprägt, unabhängig von der Erziehung. Die Seele hat diese

Trauen Sie also den *Werten*, die in Ihre Seele eingeprägt sind.

Werte in sich, weil sie hinein reicht in das kollektive Unbewusste. Dort, im kollektiven Unbewussten haben wir Anteil an den Erfahrungen vergangener Generationen. Und dort haben wir auch Anteil an den Werten, die die Menschen vor uns als wertvoll erfahren haben. Hören Sie also in sich hinein. Versuchen Sie, durch die Wertlosigkeit Ihrer Umgebung in den Grund Ihrer Seele zu gelangen und dort die Werte zu entdecken. Sicher ist das nicht immer leicht. Denn die Wertlosigkeit, die wir durch die Erziehung und unsere Umgebung mitbekommen haben, wird unser Gespür für die Werte immer wieder in Frage stellen. Trauen Sie also den Werten, die in Ihre Seele eingeprägt sind. Und überlegen Sie sich, welche Grundsätze Sie sich selbst geben können, damit Sie die Werte, an die Ihr Herz glaubt, auch leben können.

Seit einigen Jahren ist für mich das Thema Spiritualität immer wichtiger geworden. Ich habe Kurse belegt, und ich lese viel, gehe auch regelmäßig in eine Gruppe zum „Sitzen". Und ich glaube, dass mein Leben dadurch eine neue Tiefe bekommen hat und dass ich mehr zu mir selbst gekommen bin. Mein Mann ist diesen Weg nicht mitgegangen. Ich kann über diese Themen kaum mit ihm reden. Er versucht auch, es ins Lächerliche zu ziehen, wenn ich zur Meditation gehe. Er meint, ich hätte einen religiösen Tick. Er lässt nichts an sich herankommen. Für ihn zählt nur eins: Geld und Erfolg in seinem Beruf.

> *Wie soll ich mit dieser Abwehr alles Spirituellen umgehen?*

Solange Ihrem Mann nur Geld und Erfolg wichtig sind, haben Sie keine Chance, ihn von Ihrem spirituellen Weg zu überzeugen. Die Tatsache, dass er Ihren spirituellen Weg lächerlich machen muss, zeigt aber, dass er ihn verunsichert. Er wird durch Ihre Meditation möglicherweise daran erinnert, dass er den Kontakt zu seiner Seele verloren hat. Aber das möchte er nicht zugeben. Daher muss er Sie heruntermachen. Nehmen Sie das nicht persönlich. Warten Sie und hoffen und vertrauen Sie darauf, dass auch unter der Oberfläche der Maske – Geld kann die Maske verstärken,

> Lassen Sie sich nicht verunsichern, sondern gehen Sie mit *Vertrauen* Ihren *eigenen Weg.*

sagt C. G. Jung – noch etwas anderes ist. Sobald erste Misserfolge kommen oder der Körper sich zu Wort meldet, wird die dichte Maske ihren Riss bekommen. Dann können Sie vernünftig mit Ihrem Mann reden. Bis dahin brauchen Sie Geduld. Lassen Sie sich nicht verunsichern, sondern gehen Sie mit Vertrauen Ihren eigenen spirituellen Weg. Und wenn Ihr Mann Sie lächerlich macht, dann beziehen Sie das nicht auf sich, sondern hören darauf, was er durch seine Worte über sich aussagt. Vielleicht drückt er damit seine Angst aus, dass er am Eigentlichen vorbei lebt und dass in ihm nur noch Leere bleibt. Doch zugleich sollten Sie die Hoffnung nie aufgeben, dass auch in ihm eine Sehnsucht ist nach mehr. Hören Sie aus seinen Worten diese Sehnsucht heraus. Dann werden Sie anders damit umgehen.

Eine Freundin, die vor einigen Jahren 50 wurde und deren alte Eltern kurz nacheinander gestorben sind, sagt mir immer, das Alter sei furchtbar. Es sei, wie in einen Abgrund zu blicken. Verfall und Trennung seien das Bestimmende. Ab 50 gehe es nur noch bergab, seelisch wie körperlich. Natürlich habe ich auch immer wieder Angst vor dem Alter, wenn ich zwischendurch bei Besuchen in einem Pflegeheim die verwirrten Menschen sehe. Wie kann ich dieser Freundin begegnen und ihr auch diese Angst nehmen?

Kann ich mich jetzt schon auf mein Alter vorbereiten?

Natürlich kann die letzte Phase des Lebens beschwerlich sein. Ich kenne aber auch alte Menschen, die sagen, sie seien noch nie so mit sich im Frieden gewesen wie jetzt mit 80 Jahren. Ich würde nicht einfach die Behauptungen der Freundin annehmen oder dagegen sprechen. Vielmehr würde ich sie persönlich fragen, wovor sie denn Angst habe und wie sie ihr Alter gerne leben würde. Das Alter stellt für uns bestimmte Aufgaben: uns auszusöhnen mit unserem Leben auch mit all dem Ungelebten und Unvollendeten, die Kraft und den Erfolg loszulassen und uns einzustimmen, dass unser Leben begrenzt ist. Der Gedanke an den Tod will uns einladen, bewusst im Augenblick zu leben, voll Dankbarkeit über das, was uns bisher geschenkt

Die Angst vor dem Älterwerden lädt uns ein, uns über den Sinn unseres Lebens Gedanken zu machen.

wurde und voll Vertrauen, dass wir auch im Alter eine wichtige Aufgabe haben für diese Welt: dieser Welt die Ausstrahlung von Milde, Weisheit und Gelassenheit zu schenken. Sie können Ihrer Freundin nur die Angst nehmen, wenn Sie sich der eigenen Angst vor dem Älterwerden stellen und für sich eine Antwort auf diese Angst gefunden haben. Die Angst vor dem Älterwerden lädt uns ein, uns über den Sinn unseres Lebens Gedanken zu machen. Der Sinn des Lebens besteht nicht darin, immer voller Kraft und gesund zu sein, sondern durchlässig zu werden für Gottes Geist und Gottes Liebe. Darin besteht die Aufgabe des Älterwerdens: immer durchlässiger zu werden für Gottes Liebe, Milde und Freiheit.

Ich bin Mitte 40, von außen gesehen erfolgreich im Beruf, mit einer „normalen" Familie, einer guten Beziehung. Trotzdem finde ich plötzlich alles fragwürdig, leer und sinnlos. Das soll alles gewesen sein?

Ich fühle mich wie mitten drin und doch völlig daneben.

Was Sie beschreiben, ist die typische midlife crisis, die Krise der Lebensmitte, die als erster Psychologe C. G. Jung beschrieben hat. Da stellen wir uns die Frage, ob das alles gewesen sein soll. Es ist gut, dass Ihnen alles fragwürdig, leer und sinnlos vorkommt. Das zwingt Sie, sich neu Gedanken zu machen über den Sinn Ihres Lebens. Welche Spur wollen Sie eingraben in diese Welt? Was ist Ihnen wichtig in Ihrem Leben? Was trägt Sie? Was sollten Sie relativieren und anders sehen, was Ihnen bisher wichtig war? Die Krise der Lebensmitte ist eine Aufgabe. Der deutsche Mystiker Johannes Tauler meint, das Gedränge, in das wir in der Lebensmitte geraten, möchte uns zwingen, von der Oberfläche in die Tiefe zu gehen, in unseren Seelengrund, um dort Gott zu entdecken und unser wahres Selbst. Er vergleicht die Lebensmitte mit einem gut eingerichteten Haus. Wir haben uns eingerichtet. Wir wissen, wie das Leben geht. Wir können nach außen hin gut auftreten. Aber wir haben unsere Mitte verloren, wir haben unsere Seele verloren. So kommt Gott

> Die *Verunsicherung* in der Lebensmitte ist heilsam. Sie zwingt uns, nach dem *wahren Selbst* Ausschau zu halten.

selbst in unser Haus. Und er macht es wie eine Frau, die etwas sucht. Sie stellt die Stühle auf den Tisch und rückt die Schränke von ihrem Platz, um – wie es das Gleichnis Jesu von der verlorenen Drachme uns vor Augen führt (Lk 15,8-10) – die Drachme, das wahre Selbst, zu suchen. In der Krise der Lebensmitte geht es darum, unser wahres Selbst zu suchen, das verschüttet ist unter all dem Oberflächlichen, mit dem wir uns herumschlagen. Die Verunsicherung in der Lebensmitte ist also heilsam. Sie zwingt uns, nach dem wahren Selbst Ausschau zu halten und uns über den Sinn unseres Lebens Gedanken zu machen. Ab der Lebensmitte – so meint C. G. Jung – bleibt nur der lebendig, der mit seiner spirituellen Sehnsucht in Berührung kommt, der bereit ist, nach innen zu gehen und nach dem zu suchen, was ihn übersteigt, letztlich nach Gott, dem eigentlichen Ziel seines Lebens. Nehmen Sie also Ihre Gefühle ernst und stellen Sie sich der Herausforderung, die die Lebensmitte an Sie stellt.

Mein Leben ist eigentlich sehr „dicht": Beruf, Familie, Hobbys, ein großer Bekanntenkreis. Ich „funktioniere" auch immer noch. Und ich bin von früh bis spät unterwegs und beschäftigt. Aber immer wieder überfällt mich zwischendurch die fast panische Angst, dass das alles keinen Sinn hat, dass ich nicht mehr weiß, was meine wahren großen Wünsche und meine wirklichen Ziele sind. Aber ich komme nicht mehr richtig in diese Spur, weil ich anderweitig schon viel zu festgefahren bin. Mein Gefühl: Ich lebe an allem vorbei, was wirklichen Sinn macht und was „mein" Leben wäre.

Wie kann ich mein Leben doch noch ändern?

Zunächst haben Sie sogar Grund, dankbar zu sein für die Angst, mit der Ihre Seele auf Ihre Situation reagiert. Ihre Seele zeigt Ihnen, dass Sie Ihr Leben korrigieren sollen. Offenbar sollen Sie inne halten und sich fragen, was Ihnen Ihre Seele sagen möchte. Ihre vielen Aktivitäten sind vielleicht Flucht vor der wesentlichen Frage, was Sie mit Ihrem Leben möchten, was Sie Ihrem Leben für einen Sinn geben möchten. Es geht jetzt nicht darum, hektisch Ihr Leben zu ändern, sondern stiller und langsamer zu werden, damit Sie in sich selbst nachspüren, wohin es möchte. Trauen Sie den inneren Impulsen, die dann in Ihnen hochkom-

> Vor jeder äußeren *Änderung* steht die *innere Verwandlung*. Was will sich in Ihnen wandeln?

men. Ihre Seele ist gesund. Das zeigt die Angst, mit der Ihre Seele Sie daran erinnert, dass der Weg so nicht weiter geht, sondern dass Sie achtsamer leben sollten. Vor jeder äußeren Änderung steht die innere Verwandlung. Was will sich in Ihnen wandeln? Von welchen Lebensträumen gilt es, sich zu verabschieden? Womit sollten Sie sich aussöhnen? Vielleicht ist es die eigene Durchschnittlichkeit, die Sie betrauern sollten, um mit neuen Möglichkeiten in Ihrer Seele in Berührung zu kommen. Und dann können Sie in aller Ruhe überlegen, was Gott Ihnen an Kraft und Fähigkeiten geschenkt hat, die Sie leben möchten.

Sag ja zu dir", das ist leichter gesagt als getan. Gerade wenn ich ehrlich zu mir bin und meine Schwächen und Fehler nicht verdränge, fällt mir das sehr schwer. Und nur wenn ich ehrlich bin, habe ich doch die Chance, mich weiter zu entwickeln.

Wie kann ich denn lernen, mich selber besser anzunehmen?

Sie haben Recht. Jeder Psychologe sagt uns, dass wir uns selbst annehmen sollen. Aber was so einfach klingt, ist eine lebenslange Aufgabe und oft genug nicht so einfach. Sie sprechen davon, dass es Ihnen schwer fällt, ehrlich die eigenen Schwächen und Fehler anzuschauen. Sie können sich nur selbst annehmen, wenn Sie sich zuvor verabschieden von den Illusionen, die Sie sich von sich gemacht haben, von der Illusion, dass Sie perfekt sind und nur starke Seiten haben. Sie müssen also betrauern, dass Sie durchschnittlich sind, dass Sie so sind, wie Sie sind. Wenn Sie Ihr Sosein betrauern, werden Sie in sich auch auf dem Grund Ihrer Seele die vielen positiven Seiten entdecken, Ihre eigene Kraft, Ihre Lebensmöglichkeiten. Zum Betrauern gehört dann auch die Dankbarkeit für das, was Gott Ihnen geschenkt hat. Sie sind einmalig so, wie Sie sind. Sie sind wertvoll. Sie haben vor Gott einen unendlichen Wert. Sie können in Ihre Selbstzweifel immer wieder das Wort sagen, das Ihnen in der Taufe zugesagt worden ist: „Du bist mein geliebter

> Sprechen Sie mit ihrem *Selbstzweifel* und fragen Sie nach den *Illusionen*, die darin verborgen sind.

Sohn, du bist meine geliebte Tochter, an dir habe ich mein Wohlgefallen." Sie sind wertvoll, bevor Sie etwas geleistet haben und bevor Sie Ihre Stärken vorweisen. Aber trotz dieser Gedanken werden immer wieder auch Selbstzweifel in Ihnen hochsteigen. Sprechen Sie mit ihnen und fragen Sie nach den Illusionen, die in diesen Zweifeln verborgen sind. Und dann verabschieden Sie sich von den Illusionen. Versuchen Sie, dankbar für das zu sein, was Sie sind. So wächst allmählich das Gefühl: Ich mag mich, so wie ich bin. Es ist nicht nur ein gequältes Sich-selbst-Annehmen, sondern Freude und Dankbarkeit und Liebe zu dieser einmaligen Person, die ich bin.

Ich tue mich schwer mit meiner Körperlichkeit und leide darunter auch seelisch. Ich bin eben klein und eher „rund", und entspreche nicht dem Schönheitsideal um mich herum. Ich fühle mich „mickrig", und stelle fest, dass andere, die mir vorgezogen werden, einfach von imponierender „Größe" sind oder sich einfach schöner präsentieren oder mich von „oben herab" behandeln.

> *Wie soll ich für etwas dankbar sein, was mir das Leben so schwer macht?*

Jede Zeit hat ihre eigenen Schönheitsideale. Und nach diesen Idealen werten die Menschen unbewusst. Es ist schmerzlich, wenn ich diesem Schönheitsideal nicht entspreche. Aber wenn Sie diese Ideale nüchtern betrachten, so sind sie doch sehr relativ. Warum ist Kleinsein schlechter als Großsein? Was macht die eigentliche Größe des Menschen aus? Was macht mich wertvoll? Es ist nicht die Gestalt des Körpers, sondern meine Person, die natürlich in meinem Leib lebt. Natürlich ist es nicht so einfach, seinen Leib gern zu haben, wenn er von andern nicht so positiv gesehen wird. Hildegard von Bingen sagt, wir sollen so mit unserem Leib umgehen, dass die Seele gerne darin wohnt. Versuchen Sie also, sich wohl zu fühlen in Ihrem Leib. Auch bei dick und dünn gibt es keine

> Jeder Mensch ist *schön*, wenn er ganz er selbst ist.

absoluten Maßstäbe. Heute gibt es viele magersüchtige Frauen, weil sie eine panische Angst haben, zu dick zu werden. Doch dann werden sie krank. Und eine magersüchtige Frau ist keine Schönheit. Söhnen Sie sich aus mit Ihrem Leib, so wie er ist. Wenn Sie sich zu dick fühlen, dann können Sie überlegen, wie Sie zu Ihrem Idealgewicht kommen können. Sie können vielleicht einmal einen Fastenkurs machen oder sich mehr bewegen. Das wird Ihnen gut tun. Aber Sie sollten sich auf keinen Fall quälen und in eine Körperform hinein pressen, die Ihnen nicht entspricht. Auch hier gibt es nicht die Idealform. Spüren Sie, welche Form für Sie stimmt. Und dazu sagen Sie Ja, auch wenn Ihre Umgebung andere Maßstäbe haben sollte. Jeder Mensch ist schön, wenn er ganz er selbst ist. Die Liebe macht den Menschen schön. Wenn Sie also mit der Liebe in Berührung kommen, die schon in Ihnen ist, und wenn diese Liebe durch Sie in diese Welt strahlt, dann sind Sie schön, ganz gleich welche äußeren Schönheitsideale die momentane Mode deklariert.

Wie kann ich persönlich Frieden im Herzen finden, wenn ich um mich herum sehe, wie Gier und Unrecht alles bestimmen? Ich kann das doch nicht verdrängen.

Darf ich mich auf mein eigenes Seelenheil zurückziehen?

Es wäre sicher egozentrisch, sich nur auf das eigene Seelenheil zurückzuziehen. Christ sein heißt immer auch, sich für eine gerechtere Welt einzusetzen. Aber wir müssen immer auch die eigene Begrenztheit sehen. Die Frage ist: Was kann ich wirklich dazu beitragen, dass die Welt um mich herum gerechter wird? Ich kann zum Beispiel politisch für eine gerechtere Welt eintreten. Aber auch da werden schnell Grenzen deutlich werden. Sie werden erkennen, dass es auch in einer Partei, die sich für mehr Gerechtigkeit einsetzt, ungerechte Strukturen gibt. Wir können die Gerechtigkeit immer nur anmahnen und selbst versuchen, um uns herum der Gerechtigkeit mehr Raum zu geben. Es ist meine persönliche Herausforderung, den Menschen gerecht zu werden, die um mich herum sind, in meiner Familie, in meiner Firma, in meiner Gemeinde. Die Gier, die ich in meiner Umgebung sehe, ist auch in meinem Herzen. Insofern ist der Blick auf die gierige und ungerechte Welt um mich herum immer auch eine Herausforderung, in das eigene Herz zu schauen und dort frei zu werden von der Gier. Inso-

> Ich muss mich mit meiner eigenen *Begrenztheit* aussöhnen. Sonst werde ich in meinem Bemühen um Frieden letztlich nur Unfrieden stiften.

fern ist es schon wichtig, dass ich den Frieden im eigenen Herzen finde. Ich kann ihn nicht finden, indem ich aus der Welt auswandere, sondern indem ich mitten in der Welt frei werde von den Maßstäben dieser Welt. Doch dieser innere Friede ist nicht etwas, was ich nur für mich genieße. Er ist vielmehr die Voraussetzung, dass ich mich für diese Welt engagiere. Jesus preist die selig, die Frieden stiften. Ihm genügt es nicht, nur eine friedliche Gesinnung zu haben. Ich habe auch den Auftrag, mich für den Frieden einzusetzen. Allerdings muss ich immer vor Augen haben, dass ich nicht Gott bin, sondern nur ein Mensch. Ich muss spüren, was mein persönlicher Auftrag von Gott ist, was ich verändern kann und was nicht. Mit dieser Begrenztheit muss ich mich aussöhnen. Sonst werde ich in meinem Bemühen um Frieden letztlich nur Unfrieden stiften.

Ich bin kürzlich 40 geworden und nahe daran, in Panik über mein Leben zu geraten. Ich habe das Gefühl, mein Leben ist gelebt und vorbei. Es gibt nichts Neues mehr. Alle guten Vorsätze, an die ich immer wieder geglaubt habe und alle Pläne, die ich immer wieder einmal gemacht habe, konnte ich nicht verwirklichen. Ich bin in meine Gewohnheiten und meine Verhaltensmuster so verstrickt, dass ich nicht weiterkomme.

> *Ich habe nichts bewegt in meinem Leben – wozu eigentlich weiterleben?*

Es ist schmerzlich, zu erkennen, dass ich noch nie richtig gelebt habe oder dass ich nicht das gelebt habe, was ich mir vorgenommen habe. Dieses ungelebte Leben muss ich zuerst einmal betrauern. Aber dann kann ich mir vorstellen: Vielleicht waren meine Versuche, meinem Leben eine Gestalt zu geben, zu sehr von Illusionen geprägt. Oder aber meine Wege waren nicht geeignet, das ursprüngliche Bild, das Gott sich von mir gemacht hat, zu verwirklichen. Vielleicht waren meine Vorsätze und Pläne zu sehr von außen gesteuert. Ich wollte es anderen gleich tun oder ich wollte meinen eigenen Ehrgeiz befriedigen. So würde ich tiefer in die Kindheit hinein schauen. Was waren da meine ursprünglichen Lebensträume? Wo habe ich mich als Kind eins mit mir

> Sie müssen nichts vorweisen. Entscheidend ist, dass Sie *authentisch* leben und *ehrlich* mit sich selber sind.

gefühlt? Wo konnte ich mich vergessen und mich stundenlang mit etwas beschäftigen? Wenn ich an diese Erfahrungen herankomme, dann entdecke ich die eigentliche Spur meines Lebens. Und dann kann ich mich fragen: Wie kann ich meine ganz persönliche Spur eingraben in diese Welt? Äußerlich wird sich vielleicht nicht viel ändern. Den Beruf kann oder will ich nicht ändern. Aber ich kann allem, was ich tue, meinen persönlichen Stempel aufdrücken. Dazu ist es nie zu spät. Sie müssen nicht viel bewegen in Ihrem Leben. Sie müssen nichts vorweisen. Entscheidend ist, dass Sie authentisch leben, dass Sie Ihre ganz persönliche Lebensspur in diese Welt eingraben. Ein wichtiger Weg dahin ist, dass Sie sich aussöhnen mit dem Gefühl, dass Sie verstrickt sind, dass Sie nicht so frei sind, wie Sie gerne sein möchten. Nur wenn Sie Ihre eigene Wahrheit anschauen und sich mit ihr aussöhnen, kann sie sich verwandeln. Sie verabschieden sich von Ihren Illusionen und beginnen, im Hier und Jetzt zu leben, vielleicht bescheidener, als Sie es immer wollten. Aber Sie werden ehrlich mit sich selbst sein. Und so wird Ihr Leben zum Segen für Sie selbst und für andere werden.

Alle Jahre, zum Jahreswechsel, mache ich die besten Vorsätze. Ich will mein Leben umkrempeln, alte Gewohnheiten loswerden, ein besserer Mensch werden. Es gelingt mir meist nur ein paar Tage oder Wochen. Dann ist der alte Schlendrian wieder eingerissen und ich resigniere. Was macht man, wenn man spürt, dass man immer wieder in die gleichen Verhaltensmuster und Fehler zurückfällt und nicht weiter kommt?

Was tun, wenn man etwas umsetzen will und es nie schafft?

Es ist gut, dass Sie sich Vorsätze machen und Ihr Leben verbessern wollen. Doch ein Grundsatz für jeden Veränderungswillen ist: Ich kann nur verändern, was ich angenommen habe. Sie müssen also zuerst realistisch sehen: Wer bin ich, was sind meine Stärken und meine Schwächen? Was kann ich verändern und was muss ich akzeptieren? Sie können nicht einfach ein besserer Mensch werden. Das ist zu unklar. Sie müssen sich klare Ziele setzen. Und dann braucht es ein Trainingsprogramm. Welche konkreten Schritte gehe ich und was möchte ich einüben? Sie können sich nicht einfach vornehmen, in Zukunft immer freundlich zu sein und barmherziger mit sich und andern zu sein. Sie brau-

> Sie können nicht einfach ein besserer Mensch werden. Das ist zu unklar. Sie müssen sich *klare Ziele* setzen.

chen einen Übungsweg, auf dem Sie diese Haltungen einüben können.

Ein solcher Übungsweg könnte sein: Ich möchte in der kommenden Woche besser bei mir sein und mich nicht von den Menschen in meiner Umgebung bestimmen lassen. Wie können Sie das erreichen? Sie können nicht immer bei sich sein. Aber Sie können sich vornehmen: Jeden Morgen beginne ich mit einem Ritual, in dem ich mich selbst vor Gott hinstelle und mich vor Gott spüre. Und jeden Abend übergebe ich den Tag in der Gebärde der zur Schale geöffneten Hände Gott. Dann höre ich auf, mir Vorwürfe zu machen, dass ich nicht immer bei mir bin. Aber zumindest am Morgen und am Abend bin ich täglich bei mir. Und wenn ich das eine Zeit lang einübe, werde ich auch tagsüber mehr und mehr in meiner Mitte sein und mich nicht so leicht von den Stimmungen um mich herum bestimmen lassen. Die Verhaltenspsychologie sagt: Ob ich einen Vorsatz ausführe oder nicht, liegt nicht an der Willensstärke, sondern an der Klugheit. Vielleicht haben Sie sich zuviel vorgenommen. Wenn es nicht gelingt, dann wäre es klug, kleinere Schritte zu machen. Aber diesen einen kleinen Schritt sollten Sie täglich üben. Und wenn Sie ihn einmal vergessen haben, dann brauchen Sie sich nicht zu beschuldigen. Üben Sie ihn einfach morgen von neuem ein. Dann wird sich etwas in mir wandeln. Allerdings braucht es dazu Geduld. Niemand kann seine Haut ablegen. Ich bleibe der gleiche. Aber ich kann manches an mir formen und verbessern.

Ich bin es mir nicht wert", das ist ein Grundgefühl, das tief in mir drin steckt und das meine Lebensfreude hemmt. Das ist mir von meiner Mutter so eingeimpft worden, die selber von meinem Vater immer klein gehalten wurde.

Wie kann ich von dem Gefühl der eigenen Wertlosigkeit loskommen?

Es ist gut, dass Sie dieses Grundgefühl in sich erkannt haben und auch wissen, woher es stammt. Sie werden dieses Grundgefühl nie ganz loswerden. Es wird sich immer wieder zu Wort melden. Kämpfen Sie nicht dagegen. Sonst fühlen Sie sich als Verlierer. Wenn es sich bei Ihnen wieder meldet, dann begrüßen Sie es: „Ja, ich kenne dich. Da bist du wieder. Aber heute gebe ich dir keinen Raum. Heute glaube ich, dass ich es mir wert bin, mir dieses oder jenes zu gönnen, das jetzt für mich zu tun." Sie können also das Gefühl wahrnehmen und sich im gleichen Augenblick davon für heute distanzieren. Je öfter Sie sich von diesem Gefühl distanziert haben, desto schwächer wird es. Es wird sich zwar melden. Aber es hat keine Macht mehr über Sie. Der andere Weg ist, sich bewusst in dieses Grundgefühl Worte der Heiligen Schrift hinein zu sprechen, z. B. das Wort aus dem Propheten Jesaja: „Teuer und wertvoll bist du in meinen Augen. Weil ich dich liebe, gebe ich für dich ganze Länder und für dein

> Es geht nicht darum, sich vor andern selbstbewusst und selbstsicher zu zeigen, sondern an den *eigenen Wert* zu glauben.

Leben ganze Völker." (Jes 43,4) Je mehr sich solche Worte in Ihr Herz einprägen, desto schwächer werden die alten Prägungen. Das Wort „Ich bin es mir nicht wert" weist ja auch darauf hin, dass Sie sich selbst nicht als wertvoll empfinden. Viele leiden heute an mangelndem Selbstwertgefühl. Es geht nicht darum, sich vor andern selbstbewusst und selbstsicher zu zeigen, sondern an den eigenen Wert zu glauben. Gott hat mir eine einzigartige Würde gegeben. Diese Würde ist unabhängig von dem, was ich nach außen hin darstelle. Es ist meine Aufgabe, mir dieser Würde immer wieder bewusst zu werden. Dann spüre ich meinen Wert und muss ihn nicht mehr beweisen. Aber auch das ist ein langer Weg. Im Glauben an meinen Wert muss ich immer wieder die Zweifel überwinden, die an mir nagen, dass ich doch im Vergleich mit anderen nichts vorzuweisen habe. Es geht nicht um das Vorweisen, sondern um den Wert, den ich in mir habe, weil Gott ihn mir geschenkt hat.

Ich ziehe viel Freude daraus, dass ich anderen Menschen helfe und ihnen mit Rat und Tat zur Seite stehe. Ich merke aber auch, dass mich das überfordert und dass ich nur begrenzt helfen kann. Muss ich als Christ nicht mehr als andere für andere da sein?

Wo muss ich die Grenze ziehen, um mich nicht selber zu verlieren?

Jesus sagt uns, dass wir den Nächsten lieben sollen wie uns selbst. Er möchte also, dass wir ein gutes Gleichgewicht finden zwischen der Nächstenliebe und der Selbstliebe. Wenn Sie den anderen lieben, werden Sie selbst auch beschenkt. Aber wenn Sie sich überfordert fühlen, dann zeigt Ihnen dieses Gefühl Ihre eigene Grenze auf. Solange es Ihnen Freude bereitet zu helfen, sollen Sie es tun. Aber wenn Gott zu Ihnen in Ihrem Gefühl des Überfordertseins oder der Bitterkeit spricht, sollten Sie auch darauf hören. Er weist Sie in diesem Gefühl auf Ihre Grenze hin. Er möchte Sie dann dazu einladen, auch mit sich selbst gut umzugehen und sich selbst etwas zu gönnen. Er lädt Sie ein, sich von der Vorstellung verabschieden, dass Sie allein diesem Menschen helfen können. Manchmal haben wir mit unserem Helfen zu große Ideen verbunden, als ob wir die einzigen sind, die diese Hilfe leisten können oder müssen. Es ist dann

Das Gefühl der Überforderung kann dazu einladen, auch mit sich selbst gut umzugehen und sich selbst etwas zu gönnen.

gut, über uns und unseren engen Horizont hinaus zu sehen. Jesus verweist uns immer wieder auf den Nächsten an unserer Seite. Aber auch er hat nicht allen geholfen. Er hat sich immer wieder abgegrenzt und sich auf den Berg in die Einsamkeit zurückgezogen, wenn ihm die Leute zuviel geworden sind. Wenn wir das auf unsere eigene Situation beziehen, heißt das: Er lädt auch uns ein, ein gutes Miteinander von Helfen und von Rückzug, von Nähe und Distanz zu finden. Wir haben nie die Gewissheit, dass unser Maß des Helfens stimmig ist. Wir sollen dabei auf unsere Gefühle hören. Die sagen uns, ob das Helfen noch stimmt oder ob wir auch unsere eigene Grenze in aller Demut akzeptieren sollen. Wenn wir unsere Grenze annehmen, dann werden wir auf Dauer mit einem guten Gefühl helfen. Wenn wir unsere Gefühle überspringen, besteht die Gefahr, dass wir einmal so hart werden, dass wir uns gegenüber jeder Hilfe verschließen. Damit schaden wir nicht nur den anderen, sondern auch uns selbst. Denn Härte schneidet uns vom eigenen Herzen ab. Immer wenn Sie in sich Aggression spüren, ist das also ein Zeichen, dass Sie Ihre eigene Grenze ernst nehmen sollen.

"Mach uns bloß keine Schande!" Das war die Botschaft, die meine Eltern – mein Vater war ein kleiner Beamter – mir mitgegeben haben, als ich als Kind in die höhere Schule wechseln durfte. Das hat meine Angst im Leben geprägt und mich allem gegenüber vorsichtig gemacht.

Wie kann ich von der einengenden Lebensbotschaft meiner Kindheit wieder loskommen?

Solche Sätze können sich sehr tief in die Seele eingraben. Der Satz wird also immer wieder in Ihnen auftauchen. Das können Sie kaum verhindern. Aber Sie können auf den Satz reagieren: "Ja, den Satz kenne ich. Der stammt von meinem Vater. Aber Gott hat einen anderen Satz über mich gesagt: `Du bist mein geliebter Sohn, meine geliebte Tochter. An dir habe ich Wohlgefallen.´ Ich darf so sein, wie ich bin. Es ist gut, wie ich bin." Dieser Satz aus Ihrer Kindheit hat Ihre Angst geprägt, die Sie zeitlebens mit sich herumgeschleppt haben. Aber war er nur und völlig negativ? Er hat Sie immerhin auch motiviert, an sich zu arbeiten, in der Schule etwas zu leisten. Insofern hat er auch etwas Gutes an sich. Aber wichtig ist, diesen Satz zu relativieren und sich zu sagen:. Jetzt brauche ich ihn nicht mehr. Sie sollen sich dann nicht mit

> Sie sollen sich nicht mit anderen *vergleichen* oder sich fragen, was die anderen von Ihnen denken. Vielmehr sollen Sie *sich selbst spüren*.

anderen vergleichen oder sich fragen, was die anderen von Ihnen denken. Vielmehr sollen Sie sich selbst spüren. Wenn Sie mit sich in Berührung sind, mit Ihren Gefühlen, mit Ihrem Leib, wenn Sie ganz bei sich sind, dann verflüchtigt sich auch die Angst vor den Menschen. Angst taucht immer dann auf, wenn ich in meinen Gedanken zu sehr bei den anderen bin und mich frage, ob sie mich auch schätzen. Aber mein Wert hängt nicht davon ab, was andere von mir halten. Mein Wert ist in mir, mir von Gott gegeben. Wenn ich diesen Wert in mir spüre, wenn ich dankbar bin für dieses Geschenk, dann verliert sich auch die Angst. Und wenn die Angst trotzdem wieder auftaucht, dann nehmen Sie sie als Erinnerung daran, dass Sie so sein dürfen, wie Sie sind, und dass Sie es nicht nötig haben, von allen bestätigt zu werden und bei allen beliebt zu sein.

In unserem Leben könne nur das wirklich werden, was wir uns wünschen und woran wir fest glauben, sagt mir ein Freund. Stimmt das?

Wie kann ich die Wunschkraft entwickeln, die mein Leben positiv verändert?

Ich bin immer skeptisch, wenn mir einer verspricht. Du brauchst nur fest zu wünschen oder du musst nur daran glauben, dann wird es auch gelingen. Zu mir kam einmal ein Mann, der fast bankrott gegangen ist, weil er in einem Kurs gehört und es dann auch befolgt hat: Ich brauche meinen Erfolgswillen nur ganz tief ins Unterbewusste einprägen, dann wird mir auch alles gelingen. Das ist Unsinn. Wir meinen, wir könnten alles, was wir wollen. Natürlich ist es hilfreich, sich mit ganzem Herzen zu wünschen, dass mein Leben gelingt oder dass Gott mir einen lieben Menschen schickt. Aber erzwingen können wir auch mit Wünschen nichts.

Das deutsche Wort „wünschen" kommt von der gleichen Wurzel wie „gewinnen". Doch gewinnen heißt nicht, dass mir etwas in den Schoß fällt. Ursprünglich bedeutet es vielmehr: durch Anstrengung, Arbeit oder Kampf etwas erringen, erlangen. Wenn ich mir wirklich etwas wünsche, dann muss ich auch darum

> Wenn ich mir wirklich etwas wünsche, dann muss ich auch darum *kämpfen*. Unser Leben ist kein Schlaraffenland.

kämpfen. Ich darf nicht meinen, dass mir alles in den Schoß fällt, sobald ich es mir nur wünsche. Das wäre ja das Schlaraffenland, von dem die Märchen erzählen. Unser Leben ist aber kein Schlaraffenland.

Jesus setzt an die Stelle der Wunschkraft den Glauben: „Alles kann, wer glaubt." (Mk 9,23) Wenn wir glauben, dass etwas gut wird, dass Gott uns das Gelingen schenkt, dann hat das sicher eine Wirkung. Und oft genug dürfen wir erfahren, dass das, woran wir glauben, auch eintrifft. Aber der Glaube ist keine magische Kraft, die automatisch herbeizaubert, was sie glaubt. Im Glauben überlasse ich mich vielmehr Gott. In diesem Glauben vertraue ich darauf, dass er nicht unbedingt meine infantilen Wünsche erfüllt, sondern mir das schenkt, was mich wirklich leben lässt.

LIEBE UND PARTNERSCHAFT, BEZIEHUNGSPROBLEME

Wenn ich bei Kursen Gespräche anbiete, so kreisen fast 80 Prozent um Probleme der Partnerschaft und Freundschaft. Es ist offensichtlich nicht so einfach, ein Leben lang mit dem Ehepartner zusammenzuleben und mit ihm gemeinsam die Kinder zu erziehen. Das ist früher nicht viel anders gewesen. Es gab schon immer diese Beziehungsprobleme. Aber es gibt auch Gründe, warum sie heute anscheinend überhandnehmen. Da sind zu hohe Erwartungen an die Partnerschaft in einer Gesellschaft, die immer stärker individualisiert wird. Man möchte unter allen Umständen glücklich sein. Man möchte immer das Gefühl der Liebe in sich haben, die einen verzaubert und in Ekstase versetzt. Und die Idee der Machbarkeit, die heute alles Denken prägt, wirkt noch in die Ehe hinein. Man meint, auch das Gelingen einer Partnerschaft müsse doch machbar sein. Man bräuchte nur die Spielregeln guter Kommunikation zu befolgen, dann müsse doch die Ehe gelingen. Heute sind viele davon überzeugt, dass alle Konflikte, die in einer Ehe entstehen, auch gelöst werden müssen. Doch der Paartherapeut Arnold Retzer meint, in einer dauerhaften Ehe würden die Probleme nicht gelöst: „Sich einen dauerhaften Partner aussuchen heißt, sich ein paar dauerhafte Probleme aussuchen." Es kommt nur darauf an, wie wir mit den Konflikten umgehen. Wer verbissen alle Probleme lösen will, der schafft neue. Es geht, so der

Therapeut, darum, den „Schwierigkeiten nicht durch Verletzungen und Verächtlichmachungen zu begegnen, sondern mit Humor, Ablenkung, Zuneigung und Respekt".

Der Therapeut weist auch auf eine andere Belastung heutiger Ehen hin. Es ist der Anspruch auf Gerechtigkeit und Gleichheit. Doch wer auf absolute Gerechtigkeit und Gleichheit in der Ehe hofft, der ist zum Scheitern verurteilt. Statt den Anspruch auf gerechten Ausgleich aufrecht zu erhalten, ist es der Weg der Vergebung, der dauerhafte Ehen ermöglicht. „Man vergibt sich nichts, wenn man vergibt. Wer vergibt, verzichtet auf Ansprüche, die durch die Gerechtigkeitsillusion innerhalb der Partnerschaft entstehen. Das Wunder der Ehe entsteht weniger durch Versuche des Ausgleichs als vielmehr durch die Möglichkeiten der Vergebung."

Hans Jellouschek sieht in neoromantischen Vorstellungen den Grund für das Scheitern vieler Ehen. Eine solche neoromantische Vorstellung ist, dass wir uns in der Ehe immer nahe sein müssen. Doch die Ehe gelingt nur, wenn das Verhältnis von Nähe und Distanz ausgeglichen ist. Eine andere neoromantische Vorstellung ist zum Beispiel, dass wir in der Ehe immer glücklich sein müssen. Doch Ehe ist keine „Glücksveranstaltung", sondern ein Übungsweg, auf dem wir durchaus immer wieder Glück erfahren dürfen. Aber wer sich verspricht, gemeinsam glücklich zu sein, der übernimmt sich. Auch beim Thema Glück meinen viele, es sei machbar. Arnold Retzer spricht aus der Erfahrung des Therapeuten, wenn er sagt: Ehepaare, die an die Machbarkeit des Glücks glauben, sitzen

„der Illusion unbedingter Selbstmächtigkeit auf, die vergessen machen will, dass Leben auch und vor allem geschieht und nur gelegentlich gestaltet wird, das Eheleben ohnehin".

In meiner Begleitung habe ich immer wieder gespürt, dass die Ehe nur gelingen kann, wenn wir uns mit der Durchschnittlichkeit unserer Beziehung aussöhnen. Alle zu hohen Erwartungen an mich selbst und an den Partner führen zum Scheitern. Diese Aussöhnung mit der Realität unserer Beziehung geht aber nur über das Betrauern. Ich betraure, dass unsere Ehe so ist, wie sie ist, dass der Partner meine Erwartungen nicht erfüllt, dass ich selbst meine eigenen Ansprüche nicht erfülle. Nur wenn wir die Durchschnittlichkeit unserer Beziehung und unserer selbst betrauern, kommen wir an das positive Potential heran, das auch in uns steckt. Und dann dürfen wir dankbar genießen, was unsere Ehe auch ist: dass wir treu zusammen stehen, dass wir uns aufeinander verlassen können, dass wir gemeinsam eine Familie gestalten, einen Haushalt meistern, füreinander da sind. Wenn wir aber unsere Durchschnittlichkeit nicht betrauern, dann werden wir entweder jammern über den Zustand unserer Ehe oder aber den anderen anklagen, dass er daran schuld ist, dass unsere Ehe so schwierig ist.

Ich habe vor einigen Jahren geheiratet. Wir hatten Kinder nicht ausgeschlossen – nur auf später „verschoben". Inzwischen weigert sich mein Mann mit allen möglichen Argumenten.
Er schiebt die Zukunftsprobleme mit der schlimmen Welt, die psychische Belastung und den Druck vor, den wir beide im Beruf haben.
Die Gründe wechseln und liegen vermutlich tiefer. Immer wenn wir auf das Thema zu sprechen kommen, kommt es zum Streit. Ich sehne mich aber inzwischen immer mehr nach Kindern.

Was soll ich tun?

Sie haben recht, die Gründe, die Ihr Mann anführt, keine Kinder haben zu wollen, liegen vermutlich tiefer. Denn Zukunftsprobleme sind in aller Regel eine Ausrede. Jede Zeit ist eine gute und eine schlimme Zeit. Es gab wesentlich schwierigere Zeiten als heute. Offensichtlich ist Ihr Mann aber nicht dazu bereit, über die tieferen Gründe zu sprechen, die in seiner Seele liegen, in seiner Unsicherheit, in seinen Zweifeln, ob er als Vater taugt. Wenn Sie nun einfach nachgeben, dann würden in Ihnen wahrscheinlich die Aggressionen auf den Mann wachsen, der Sie daran gehindert hat, Kinder zu bekommen. Bitten Sie Ihren Mann, mit einem Dritten gemeinsam darüber zu sprechen, also mit einem Seelsorger oder mit einem Paartherapeuten. Wenn er dazu nicht bereit ist, ist wirklich die Frage, ob es sinnvoll ist, sich zu trennen. Denn der Kinderwunsch ist ja in uns genauso tief wie der Wunsch nach Liebe mit einem Partner. Sie würden etwas Wesentliches Ihrer Vorstellung von Ehe aufgeben. Kirchenrechtlich ist der bewusste Ausschluss von Kindern durchaus ein möglicher Grund für eine Annullierung der Ehe. Aber natürlich wäre es gut, wenn Sie nicht sofort auf diese Frage zusteuern, sondern alle Möglichkeiten der Gesprächshilfe ausschöpfen. Und Sie sollen sich selbst klar werden, wie wichtig der Kinderwunsch in Ihnen ist. Ist er stärker als die Verbindung mit dem Mann, der die Kinder ausschließt? Und wie geht es Ihnen mit der Vorstellung, sich vom Mann zu trennen? Macht sie Ihnen Angst oder erzeugt sie in Ihnen das Gefühl von Freiheit? Sie sollen sich selbst und ihre Vorstellung vom Leben ernst nehmen. Aber die Entscheidung über Ihre Zukunft kann ich Ihnen leider nicht abnehmen.

> Sie sollen ihre Vorstellung vom Leben *ernst nehmen.*

Ich habe mich in einen anderen Mann verliebt. Er ist, ebenso wie ich, verheiratet. Es hat mich ganz plötzlich „getroffen", wie ein Blitz. Ich fühle mich wohl, lebendig und fröhlich in seiner Nähe, wir verstehen uns fast blind. Es ist einfach nur schön. Und auch keinesfalls nur oberflächlich, sondern sehr, sehr tief. Es dauert auch schon über ein Jahr, und ich will mir nicht vorstellen, dass das aufhört. Es würde mir das Herz aus dem Leib reißen.

Natürlich habe ich auch Schuldgefühle gegenüber meinem Mann – was soll ich tun?

Sie dürfen dankbar sein dafür, dass Sie sich verliebt haben. Das zeigt, dass Ihr Herz noch liebesfähig ist. Die Liebe, die Sie in sich spüren, gehört Ihnen. Sie ist unabhängig von dem Mann, der Sie ausgelöst hat. Ihre Aufgabe ist es, diese Liebe in Ihr Leben zu integrieren. Sie müssen sich nicht von dem Mann losreißen. Sie dürfen genießen, dass Ihnen seine Nähe gut tut. Aber Sie müssen sich überlegen, wie Sie auf Dauer diese Liebe, die Sie in sich spüren, in Ihre Beziehung zu Ihrem Mann und Ihrer Familie integrieren können. Wenn alle Ihre Energie und Liebe nur zu dem andern Mann hinströmen, dann werden Sie innerlich zerrissen. Und das wird Ihnen nicht gut tun. Denn Sie können auf Dauer nicht zweigleisig fahren. Das würde Sie mit der Zeit zerreißen. Fragen Sie sich, was dieser Mann in Ihnen auslöst. Wenn wir uns in einen andern verlieben, dann will der andere uns auf das aufmerksam machen, was auch in uns ist, was wir aber in uns selbst vernachlässigt haben. Wenn Sie an diesen Mann denken und an das, was er in Ihnen auslöst, sollten Sie also auch in sich selbst hineinschauen und überlegen, wie Sie die Seite, die Sie jetzt erleben, entfalten und in Ihr Leben integrieren können. Dann wird dadurch Ihre Beziehung zu Ihrem Mann und zu Ihrer Familie befruchtet. Es geht nicht darum, sich gewaltsam von dem anderen Mann loszureißen. Aber Sie müssen sich Ihrer Grenzen klar bewusst werden. Und Sie müssen sich neu für Ihren Mann und Ihre Familie entscheiden. Andernfalls werden Sie zwei Familien zerstören. Und mit dem Schuldgefühl, zwei Familien auseinander gerissen zu haben, werden Sie sicher nicht gut leben können.

Ich habe es erst spät gemerkt, war deswegen umso tiefer getroffen und verletzt, als ich dahinter kam: Mein Mann hat mich jahrelang mit einer anderen Frau betrogen. Und das in einer Zeit, in der wir eigentlich nach meinem Gefühl eine normale und gute Ehe geführt und auch spirituell – wir sind beide in einer Zenmeditationsgruppe und meditieren fast täglich – viel miteinander gemeinsam hatten. Meine Wut auf ihn ist so groß, dass ich ihn umbringen möchte. Manchmal spüre ich nur kalten Hass auf ihn. Ich kann nicht noch weiter mit ihm leben. Ich muss ihn verlassen. Natürlich habe ich ihn zur Rede gestellt. Er kann mir auch nicht begründen, wieso er mir das angetan hat. Und wenn er schwört, es sei doch alles vorbei, und auch wenn er mich bittet, meine Enttäuschung loszulassen:

Ich merke, mein Herz ist eben doch kein Buddha.

Ihre Wut und Ihre Enttäuschung kann ich gut verstehen. Auch das gemeinsame Meditieren ist keine Garantie, dass der Partner sich nicht in eine andere Frau verliebt. Aber Ihr Mann hat sich nicht nur verliebt. Er hat Sie auch mit der anderen Frau betrogen. Das ist eine tiefe Verletzung. Ihre Wut und Ihr Hass sind durchaus gute Reaktionen Ihrer Seele. Doch Sie sollten sich vom Hass nicht auffressen lassen. Der Hass ist vielmehr der Impuls, mich innerlich vom Mann zu lösen, ihm keine Macht mehr zu geben und die Wut in Kraft zu verwandeln, selbst zu leben, unabhängig vom Mann. Wenn Sie diesen Impuls zulassen und sich innerlich von Ihrem Mann distanzieren, dann sollten Sie aber in aller Ruhe nachdenken, ob eine Trennung wirklich der geeignete Weg ist: Vielleicht ist er nur eine Reaktion auf die tiefe Kränkung. Vielleicht kränken Sie sich selbst mit der Trennung. Sie sollten sich die Trennung innerlich durchaus erlauben. Es ist eine Möglichkeit. Aber wenn Ihr Mann innerlich zulässt und zugibt, wie sehr er Sie verletzt hat, und wenn er von neuem um Sie kämpft, dann würde ich es mir schon nochmals überlegen, ob nach einer Phase von mehr Distanz nicht doch ein neues Miteinander möglich ist. Das hätte durchaus die Chance, nach dem schmerzlichen Abschiednehmen bisheriger Illusionen realistischer und tiefer miteinander zu leben. Dazu wäre nötig, dass Sie Ihrem Mann vergeben. Vergebung ist kein schneller Akt. Sie braucht Zeit. Aber wenn Sie Ihrem Mann vergeben, dann ist ein neuer Anfang möglich. Vielleicht wäre ein Versöhnungsritual mit einem befreundeten Paar oder einem Therapeuten sinnvoll, in dem Sie Ihre Verletzung nochmals bewusst zur Sprache bringen und zugleich die Bereitschaft, dem Partner zu vergeben und seine Verletzung nicht zum Dauervorwurf zu machen. Aber das Ritual hat nur dann einen Sinn, wenn der Partner wirklich innerlich zulässt, wie sehr er Sie verletzt hat, und wenn Sie bereit sind zu vergeben.

> Ihre *Wut* und Ihr *Hass* sind durchaus gute Reaktionen Ihrer Seele. Doch Sie sollten sich vom Hass nicht *auffressen* lassen.

Ich leide an meiner Ehe. Es war keine leidenschaftliche Liebesheirat. Aber es gab schöne Zeiten in unserer Ehe. Zeiten, in denen ich mich geborgen und zu Hause fühlte. Inzwischen ist sie für mich nicht mehr schön. Ich fühle mich von meinem Mann oft nicht einmal mehr verstanden. Ich merke immer mehr: Er hat kein Gespür für mich und meine Bedürfnisse. Ich möchte gerne mit ihm über meine Gefühle reden. Aber er blockt ab. Ich fühle mich in der Partnerschaft oft so allein.

Was kann ich machen, dass meine Ehe glücklicher wird?

Zunächst ist es wichtig, zu betrauern, dass Ihre Ehe so ist, wie sie ist, durchschnittlich, alltäglich, ohne große Liebe und Verständnis. Und Sie sollten Abschied nehmen von der Illusion, dass Ihre Ehe Ihr alleiniges Zuhause ist. Sie müssen bei sich selbst zuhause sein und Sie sollten ein tieferes Zuhause in Gott suchen. Wenn die Ehe momentan nicht so ideal ist, dann sollten Sie mehr für sich selbst sorgen. Und dann können Sie versuchen, wie Sie mit Ihrem Mann besser zurecht kommen. Aber ich habe den Eindruck, dass Sie sich erst von den Vorstellungen verabschieden sollten, die Sie von Ihrem Mann haben und von dem, wie er sich Ihnen gegenüber verhalten sollte. Erst wenn Sie auch ohne Ihren Mann in sich Frieden finden, werden Sie auch wieder einen Weg mit Ihrem Mann finden. Wenn es nicht im Gespräch mit ihm allein geht, können Sie sich Hilfe in einer Paartherapie suchen. Aber vielleicht ist jetzt gerade die Zeit, mehr für sich zu tun. Irgendwann ist dann auch das Miteinander wieder an der Reihe. Je mehr Sie Ihren Mann drängen, über Ihre Gefühle zu reden, desto mehr wird er möglicherweise blockieren. Wenn Sie Ihren eigenen Weg gehen, wird Ihr Mann vielleicht neugierig auf Sie und Ihren Weg. Dann wäre ein Gespräch möglich. Oder aber Ihr Mann gerät selbst in eine Krise, die ihn öffnet für ein Gespräch. Sie sollten die Hoffnung nie aufgeben. Hoffen heißt immer: „Ich hoffe auf dich und für dich. Ich habe nicht bestimmte Erwartungen an dich. Ich hoffe, dass du dein wahres Selbst entdecken und leben wirst. Dann wird auch unser Miteinander neu werden." Sie sollten das Glück nicht in erster Linie von Ihrer Ehe erwarten, sondern das Glück in sich selbst finden, indem Sie in Einklang kommen mit sich selbst und in Gott Ihren tiefsten Grund finden, der Sie befreit von dem Druck, sich immer glücklich fühlen zu müssen. Auf diesem inneren Weg werden Sie immer wieder einmal Glück erleben. Aber Sie können das Glück nicht festhalten. Es wird Ihnen immer wieder geschenkt.

> Sie sollten das *Glück* nicht in erster Linie von Ihrer Ehe erwarten, sondern das Glück *in sich selbst* finden.

Ich bin seit mehr als 14 Jahren verheiratet. Ich erlebe gerade die Untreue meines Mannes. Es ist nicht das erste Mal. Das erste Mal war zu Beginn unserer Ehe. Damals war es ein noch größerer Schock. Ich liebe meinen Mann und möchte ihn nicht verlieren. Außerdem ist für mich das Eheversprechen für immer bindend. Ist es möglich zu verzeihen, ohne dass Zweifel und Narben bleiben? Wie könnte ein Vergebungsprozess aussehen? Und natürlich quält mich auch die Frage:

Bin ich nicht letztlich doch die Dumme, wenn ich vergebe?

Vergeben heißt nicht, dass Sie einfach die Dumme sind, die alles zulässt, was Ihr Mann tut, nur damit Sie ihn nicht verlieren. Auf diese Weise würden Sie sich selbst nicht ernst nehmen. Trotzdem ist Vergebung möglich. Doch die Vergebung braucht Schritte.

Der erste Schritt ist, dass Sie den Schmerz zulassen, den Ihnen Ihr Mann antut. Und Ihr Mann soll sich auch dieses Schmerzes bewusst sein, den er Ihnen zufügt. Sie müssen nicht die Tapfere spielen, nur damit er bei Ihnen bleibt. Stellen Sie sich dem Schmerz. Er tut weh.

Der zweite Schritt ist, die Wut zulassen. Spüren Sie die Wut auf Ihren Mann, der Sie so verletzt hat. Die Wut ist die Kraft, Ihren Mann aus sich heraus zu werfen und eine gesunde Distanz zu ihm zu gewinnen.

Ihr Leben ist nicht allein von Ihrem Mann abhängig. Sie haben auch in sich eine Würde. Sie sind auch ohne Ihren Mann wertvoll. Diese Wut sollten Sie zugleich in Kraft verwandeln, Ihr Leben selbst in die Hand zu nehmen. Die Wut wird zum Ehrgeiz: „Ich kann selber leben. Ich bin nicht völlig von dir abhängig."

Der dritte Schritt wäre, objektiv zu untersuchen, was da abläuft. Fragen Sie sich: Was drückt sich in der Untreue des Mannes für unsere Beziehung aus? Meldet sich da nicht der Traum von einer umfassenderen Liebe zu Wort? Dann werden Sie Ihrem Mann nicht nur Vorwürfe machen. Sie werden mit ihm darüber sprechen, wofür diese fremde Beziehung steht. Ist sie ein Zeichen, dass er unerfüllt ist? Hat er romantische und unreife Vorstellungen von Liebe und Ehe? Oder aber ist es eine Herausforderung, die eigene Ehe neu zu überdenken und zu überlegen, was da zur Routine geworden ist und wie sie wieder lebendiger gestaltet werden kann? Dieses objektive Anschauen tut sicher auch weh. Aber es hilft, von einseitigen Schuldzuweisungen loszukommen. Vielleicht ist die Untreue des Mannes auch eine Chance, sich der eigenen Wahrheit zu stellen und die eigene Beziehung lebendiger werden zu lassen. Manchmal fehlt uns die Freiheit in der Beziehung. Manchmal ist es die Leidenschaft der Liebe, die mit der Zeit schwächer geworden ist. Wenn Sie die Situation nicht allein mit Ihrem Partner klären können, dann wäre es gut, zur Eheberatung zu gehen. Wenn Ihr Mann dazu bereit ist, dann zeigt er damit, dass ihm an Ihrer Ehe liegt.

Nach diesen drei Schritten kommt erst der Akt der Vergebung. Vergebung ist zunächst ein Akt der Be-

Vergeben heißt nicht, es sich selbst und dem anderen zu *leicht* zu machen.

freiung. Ich befreie mich von der negativen Energie, die durch die Verletzung in mir ist. Und ich befreie mich von der zu engen Bindung an den, der mich verletzt hat. Ich lasse seine Schuld bei ihm und kreise nicht ständig darum. Auch da kann es helfen, ein Ritual der Versöhnung – vielleicht gemeinsam mit dem Therapeuten – durchzuführen. In so einem Versöhnungsritual könnte man einen Schlussstrich unter die Verletzung durch die Untreue ziehen, das Alte begraben und neu anfangen. Vergeben heißt nicht, es sich selbst und dem anderen zu leicht zu machen. Die Untreue muss aufgearbeitet werden. Dann kann sie begraben werden. Dann wird sie nicht mehr zum Vorwurf gegen den anderen dienen, ein neues Miteinander wird möglich. Bei diesem Versöhnungsritual muss Ihr Mann Ihnen versprechen, dass er Sie nicht mehr durch Untreue verletzen wird. Er kann nicht versprechen, dass er sich nicht mehr verlieben wird. Aber er kann Ihnen die Gewissheit geben, dass er Sie nicht mehr heimlich betrügen wird, sondern ein eventuelles neues Verliebtsein in ein Paargespräch oder eine Paartherapie einbringen wird.

Ich bin seit fünf Jahren mit meinem Freund zusammen. Vor kurzem hat er mir einen Heiratsantrag gemacht. Noch vor wenigen Wochen hätte ich ohne zu zögern Ja gesagt. Jetzt allerdings bat ich ihn erst einmal um Bedenkzeit. Der Grund: Ich habe in meinem Yogakurs einen Mann kennengelernt, in dessen Gegenwart ich zum ersten Mal seit langem wieder richtig Schmetterlinge im Bauch spüre. Ich bin völlig durcheinander und weiß nicht, ob das nur Schwärmerei ist oder ob mehr dahinter steckt. Ich will meine Beziehung nicht aufs Spiel setzen, aber im Moment eine Hochzeit auch nicht überstürzen.

Wie soll ich mich zwischen den beiden Männern verhalten?

Dass Sie sich in einer festen Beziehung in einen anderen Mann verlieben, das kann Ihnen auch in der Ehe immer wieder passieren. Die Frage ist, wie Sie das Verliebtsein in Ihr Leben und in die bestehende Beziehung integrieren. Wenn Sie mit Ihrem Freund schon fünf Jahre zusammen sind und bis vor kurzem den Heiratsantrag ohne Zögern angenommen hätten, spricht vieles dafür, dass Sie sich für diese Beziehung entscheiden sollen. Wir verlieben uns immer in Menschen, die etwas von dem leben, was auch in uns ist, was wir aber zu wenig gelebt haben. Fragen Sie sich also, was dieser Mann in Ihnen hervorruft. Und dann

Wir werden nie den idealen Partner finden, der alle unsere Gefühle anspricht.

spüren Sie in sich selbst hinein. Was er in Ihnen hervorruft, das ist in Ihnen. Das gehört Ihnen. Dafür müssen Sie nicht Ihre Beziehung aufs Spiel setzen. Sie sind 33 Jahre alt. Wenn Sie sich für den anderen Mann entscheiden, brauchen Sie wieder eine Zeit, um die Beziehung zu klären. Und dann haben Sie sich gegen Ihren jetzigen Freund entschieden. Wir werden nie den idealen Partner finden, der alle unsere Gefühle anspricht. Es wird immer Menschen geben, die andere Seiten in Ihnen ansprechen. Sie müssen sich verabschieden von der Illusion, die Sie sich von einem anderen machen, und lernen, ja zu sagen: zu sich mit Ihrer Durchschnittlichkeit und zu dem Freund, der auch seine positiven und seine eher schwierigen Seiten hat. Sie müssen betrauern, dass weder Sie noch Ihr Freund ideal sind. Wenn Sie das tun, kommen Sie gerade dadurch in Berührung mit all den positiven Kräften, die in Ihnen und in Ihrem Freund sind. So wünsche ich Ihnen den Engel der Klarheit, der Sie begleitet bei Ihrer Entscheidung.

Ich lebe alleine und sehne mich sehr nach einer wirklich guten Partnerschaft, nach Nähe, nach Liebe und Angenommensein. Aber immer, wenn mir jemand zu nahe kommt, kommt es bald so weit, dass ich das nicht ertragen kann und ich zerstöre die Beziehung. Ich merke dann auch die Lust an der Zerstörung dessen, wonach ich mich eigentlich sehne. Ich leide unter meiner Unfähigkeit zu Nähe und hasse mich selber dafür.

Wie kann ich aus diesem Teufelskreis herauskommen?

Die Ambivalenz zwischen der Sehnsucht nach Nähe und der Angst vor zu großer Nähe erleben nicht nur Sie allein. Das geht vielen Menschen heute so. Zunächst sollen Sie sich selbst nicht verurteilen. Sie sprechen davon, dass Sie eine Lust haben, das, wonach Sie sich sehnen, zu zerstören. In dieser Selbstzerstörung liegt immer auch Selbstverurteilung. Es ist wichtig zu akzeptieren, dass Sie sich nach Nähe sehnen und zugleich Angst vor der Nähe haben. Dann können Sie mit Ihrer Angst sprechen. Was sagt Ihnen die Angst? Wovor haben Sie Angst? Ist es die Angst, der andere könnte Sie verlassen, wenn er Ihnen wirklich nahe kommt und Sie so kennenlernt, wie Sie sind? Dann würde die Angst Sie erkennen lassen, dass Sie sich selbst zu pessimistisch sehen. Sie meinen, man kön-

Natürlich macht Liebe immer auch verletzlich. Aber sie heilt auch Wunden.

ne Sie nur lieben, wenn Sie perfekt sind. Aber so, wie Sie sind, könne keiner Sie wirklich lieben. Diese aus der Nähe betrachtete Angst lädt Sie also ein, sich selbst so zu lieben, wie Sie sind, sich zu erlauben, dass Sie so sind, wie Sie sind. Wenn Sie sich das erlauben, dann werden Sie nicht soviel Angst vor der Nähe eines anderen haben. Häufig ist eine weitere Angst damit verbunden: Die Angst, ich könnte verlassen werden. Und das würde mir einen so großen Schmerz bereiten, dass ich lieber von vorne herein allein bleibe. Diese Angst ist verständlich. Es tut weh, verlassen zu werden. Doch eine Beziehung wächst ja. Sie müssen ja am Anfang noch nicht alles zeigen. Je mehr das Vertrauen wächst, desto näher kommen Sie sich. Und je stärker das Vertrauen wird, desto weniger müssen Sie Angst haben, verlassen zu werden. Natürlich macht Liebe immer auch verletzlich. Aber sie heilt auch Wunden.

Noch etwas Drittes will die Angst sagen: Ich darf dankbar sein für die Beziehung und Freundschaft. Ich werde dadurch beschenkt. Aber ich darf nicht meinen Wert, mein ganzes Selbst, davon bestimmen lassen. Denn selbst wenn die Freundschaft aus irgendeinem Grunde nicht gelingen sollte, wird mir dadurch nicht das Fundament meines Lebens entzogen. Denn ich habe mein Lebenshaus nicht allein auf den Freund gebaut, sondern auf Gott. Ich habe in mir einen Grund, den mir niemand streitig machen kann.

Ich bin in meinem Beruf sehr eingespannt und engagiere mich da auch sehr. Aber ich leide sehr unter Einsamkeit. Oft bringe ich die Wochenenden und die Feiertage allein zu. Wie kann ich da herauskommen?

Soll ich lernen, mit der Einsamkeit zu leben?

Wenn Sie an Ihrer Einsamkeit leiden, dann ist das eine Herausforderung, den Beruf zu relativieren und sich das Bedürfnis einzugestehen, einen Partner oder eine Partnerin zu haben. Sie können nicht immer nur geben. Sie haben auch Bedürfnisse. Und ein wichtiges Bedürfnis ist die Erfahrung von Liebe, von Partnerschaft oder Freundschaft. Wenn Sie sich dieses Bedürfnis eingestehen, dann können Sie sich überlegen, welche Schritte Sie tun möchten, um Menschen zu treffen, die Ihre Wellenlänge haben. Sie können nicht nur im Beruf aufgehen, Sie sollen auch Ihr Leben gestalten. Der eine Weg geht über das Aufbauen einer Freundschaft und Partnerschaft. Der andere Weg geht auch darüber, die Einsamkeit bewusst wahrzunehmen. Die Einsamkeit kann auch eine Chance sein, das zu tun, was mir gerade gut tut, zu genießen, einmal nichts geben zu müssen, sondern einfach nur da zu sein. Peter Schellenbaum spricht davon, dass es wunderbar sein kann, allein, das heißt: all-eins, mit allem eins zu sein. Wenn ich mein Alleinsein annehme, kann es

Einsamkeit ist *beides*: die Chance, tiefer in das eigene Herz und in die eigene Seele zu gelangen, aber auch: der Schmerz darüber, *allein* zu sein.

für mich auch zu einer Quelle des Segens werden. Paul Tillich sagt einmal, Religion sei das, was jeder mit seiner Einsamkeit anfängt. Allerdings hat Einsamkeit immer beides: die Chance, tiefer in das eigene Herz und in die eigene Seele zu gelangen, zum anderen: der Schmerz darüber, allein zu sein. Daher gilt es, die Einsamkeit auch zu betrauern, den Schmerz zuzulassen. Dann komme ich durch den Schmerz der Traurigkeit hinein in den Grund meiner Seele. Dort spüre ich eine neue Tiefe. Und in dieser Tiefe bin ich einverstanden mit mir und meinem Leben.

Spüren Sie, welcher Weg gerade für Sie dran ist. An einem Wochenende werden Sie es genießen können, allein zu sein. Am anderen leiden Sie darunter. Finden Sie das rechte Maß zwischen Einsamkeit und Gemeinschaft, zwischen dem Weg, die Einsamkeit zu bejahen, und dem Weg, die Gemeinschaft mit guten Freunden zu genießen. Aber das können Sie nur, wenn Sie sich Ihr Bedürfnis eingestehen: Ich bin mir selbst nicht genug. Ich brauche auch Menschen. Und geben Sie die Hoffnung nicht auf, den Menschen zu treffen, mit dem Sie Ihr Leben teilen möchten.

Manchmal streite ich mit meinem Partner und merke dabei, wie der Sog der Aggression uns immer tiefer hineinzieht. Ich spüre direkt, wie die Lust am Dagegenhalten etwas Böses und Zerstörerisches an sich hat und am Ende fast zum Hass wird. Aber ich komme dann ab einem bestimmten Moment nicht mehr davon los. Es ist dann so, als ob es nie Vertrauen oder Nähe zwischen uns gegeben hätte.

Was kann ich tun, um dieses Hineinschlittern zu vermeiden?

Es ist wichtig, dass Sie sich auch unabhängig von den Streitereien Ihrer Aggression bewusst werden. Zur Liebe gehört immer auch die Aggression. Die Aggression will das Verhältnis zwischen Nähe und Distanz regeln. Sie ist ein Anruf, sich nicht einfach anzupassen und sich durch die Anpassung selbst aufzugeben. Wenn Sie die Lust spüren, entgegen zu halten, dann steckt darin durchaus etwas Gesundes: Sie wollen nicht immer klein beigeben. Sie wollen Sie selbst sein. Sie wollen sich jetzt nicht anpassen, sondern zeigen, dass Sie eine eigenständige Person sind. Aber weil Sie das zu lange vernachlässigt haben, kommt es auf einmal in einer Weise hoch, die Sie auch als böse und zerstörerisch erleben. Wenn etwas böse wird, ist es immer ein Zeichen, dass da etwas zu lange verdrängt oder unterdrückt worden ist. Söhnen Sie sich also aus mit Ihrer Aggression. Und überlegen Sie sich, wie Sie

Erschrecken Sie nicht über Ihre Aggression. Sie ist gesund. die Aggression im Alltag leben wollen. Wenn Sie Ihre Aggression spüren, ist es immer ein Zeichen: Jetzt muss ich wachsam sein, damit ich ich selber bleibe und mich selbst nicht aufgebe. Erschrecken Sie nicht über Ihre Aggression. Sie ist gesund. Sie zeigt Ihnen, dass eine Beziehung nur gelingt, wenn beide sich nicht aufgeben, sondern sie selber bleiben. Zur Liebe gehört immer beides: das Angezogensein durch den andern, die Sehnsucht, mit ihm zu verschmelzen, und zugleich das Wissen, dass ich ich selbst bleiben muss. Sonst würde ich mich verlieren. Je bewusster Sie Ihre Aggression wahrnehmen, desto besser können Sie mit ihr umgehen. Sie wird dann nicht mehr zerstörerisch wirken, sondern fruchtbringend und belebend. Aber verabschieden Sie sich auch von dem Anspruch, immer gegenhalten zu müssen. Sich auf den Wunsch des Partners einzulassen, kann auch ein Zeichen von Stärke sein. Sie sind frei genug, auch einmal den eigenen Wunsch loszulassen und sich auf den anderen einzulassen, so wie er ist. Aber Ihr Dagegenhalten geht ja nicht nur auf gemeinsame Vorhaben, sondern offensichtlich auch auf die Person Ihres Partners. In Ihrer Aggression steckt der Wunsch, zu bestimmen, wie der andere sein soll. Malen Sie sich diesen Wunsch aus. Dann werden Sie merken, dass er unrealistisch ist. Ihre Aggression ist dann die Einladung, den anderen so zu nehmen, wie er ist, mit seinen Stärken und Schwächen, mit seinen Licht- und mit seinen Schattenseiten.

Mein Mann leidet unter seinem Beruf, der ihn nicht befriedigt und auch überfordert. Er wird zu Hause immer aggressiver und lässt seinen Frust an mir und den Kindern aus. Ich komme auch nicht mehr richtig an ihn heran. Gesprächen geht er aus dem Weg. Er trinkt seit einiger Zeit mehr als ihm gut tut. Er hat mir zwar immer wieder einmal versprochen, damit aufzuhören, aber er kommt davon nicht los. Was soll ich tun?

Wie kann ich meinem Mann – und mir – helfen?

Ihr Mann schämt sich, dass ihn sein Beruf nicht befriedigt und dass er seinen Frust in der Familie auslässt. Weil er sich schämt, weicht er jedem Gespräch aus und versucht, mit Trinken den Frust loszuwerden. Doch das enttäuscht ihn noch mehr. So wird er immer verschlossener. Wichtig ist, dass Sie ihm nicht mit Vorwürfen begegnen, sondern ihn einfach fragen, wie es ihm geht. Und wenn er über den Beruf schimpft, dann fragen Sie ihn, welche Konsequenzen er ziehen möchte, welche anderen Wege es gäbe. Fragen Sie, ohne ihm Vorwürfe zu machen. Und wenn Sie sehen, dass er auch den Fragen ausweicht und nicht über sich sprechen will, dann raten Sie ihm, dass er mit einer Person seines Vertrauens, einem Freund oder einem Therapeuten darüber sprechen solle. Er soll sich selbst

Sie sollen seine Aggressionen nicht persönlich nehmen, sondern als Hilfeschrei seiner Seele hören.

ernster nehmen und etwas an seiner Situation ändern. Wenn alles nicht hilft, dann wäre es auch gut, dass Sie ihm Grenzen setzen. Wenn er seinen Frust an Ihnen und den Kindern auslässt, dann sollen Sie sich wehren: „Es ist dein Frust. Bearbeite ihn, anstatt ihn bei uns abzulassen." Oder aber Sie reagieren gar nicht darauf, sondern gehen einfach in ein anderes Zimmer. „Ich spreche erst wieder mit dir, wenn du wieder du selbst geworden bist. Ich habe keine Lust, deinen Frust abzubekommen. Gehe lieber raus und laufe dich frei davon." Sie sollen seine Aggressionen nicht persönlich nehmen, sondern als Hilfeschrei seiner Seele hören. Und diesen Hilfeschrei seiner Seele sollten Sie ernst nehmen und ihm das auch vermitteln, dass Sie sein Verhalten so verstehen. Vielleicht kann er sich dann seiner Wahrheit stellen.

Immer öfter streite ich mit meinem Mann. Oft sind Kleinigkeiten der Ausgangspunkt, etwa das Geld. Ich bin in meiner Kindheit zur Sparsamkeit erzogen worden und habe Angst, dass er unser Geld zum Fenster hinaus schmeißt und damit unsere Sicherheit bedroht. Er wirft mir Kleinlichkeit vor. Es kann sein, dass wir uns dann bis aufs Messer streiten.

Wie kann man in einer Partnerschaft „vernünftig" und ausgeglichen mit dem Thema Geld und „Sicherheit" umgehen?

Geld ist leider in vielen Familien entweder Tabu oder aber ein Punkt beständigen Streitens. Da geht es allerdings nicht nur um Geld, sondern eben auch um die eigene Erziehung, um eigene Werthaltungen. Sie selber sind zur Sparsamkeit erzogen worden. Das ist gut so. Und das kann ein gutes Regulativ sein, damit Ihr Mann nicht alles verschwendet. Aber Sie müssen Ihre Sparsamkeit auch nicht zur höchsten Norm machen. Fragen Sie sich, ob es nicht auch einen anderen Umgang mit Geld gibt. Ein wichtiger Weg wäre, Ihre Angst ernst zu nehmen und mit Ihrem Mann klare Regeln zu treffen, wie viel Geld Sie für den Haushalt haben, wie viel Geld für Anschaffungen usw., und wie viel Sie monatlich zurücklegen, um für das Alter zu sparen. Klare Regeln, auf die man sich geeinigt hat,

Fragen Sie sich, wofür das Geld in ihrer Beziehung steht, welche anderen Themen sich am Streit um das Geld festmachen.

sind besser als tägliche Streitereien. Die Geldeinnahmen und -ausgaben müssen natürlich geregelt werden. Sonst wird es immer wieder Streit geben. Aber auch wenn Sie gute Regeln getroffen haben, die Ihnen ein wenig Sicherheit geben, wird das Geld immer wieder zum Problem werden. Es ist dann nie allein das Geld, sondern am Geld hängt sich vieles andere auf: Das kann die Angst um die Zukunft sein oder die Angst, dass der Mann das Geld für andere braucht, die er beschenkt, die Angst, dass er zu wenig für die Familie sorgt usw. Geld steht für Zuwendung. Wenn der Mann zuviel Geld ausgibt, haben Sie den Eindruck, dass Sie zu kurz kommen, dass ihm das Geld und sein Konsum wichtiger ist als die Beziehung. Fragen Sie sich also, wofür das Geld für Sie und Ihren Mann steht, welche anderen Themen sich am Streit um das Geld festmachen. Und dann versuchen Sie, vernünftig und nüchtern darüber zu sprechen und klare Regelungen zu treffen.

Ich habe einen Freund, dessen Familie mich nicht akzeptiert. Sein Vater spricht kaum mit mir und gibt mir eigentlich deutlich zu verstehen, dass ich ihm nicht genehm bin. Seine Schwester verhält sich ähnlich abweisend. Dabei sehne ich mich nach nichts mehr als nach Einverständnis und danach akzeptiert zu werden. Der Freund hält zu mir, aber er reibt sich dabei auch auf, weil er sieht, wie sehr ich verletzt bin.

Wie kann ich mit Menschen umgehen, die mich nicht akzeptieren wollen?

Es schmerzt, wenn die Familie des Freundes Sie nicht akzeptiert. Aber wenn Sie und Ihr Freund glauben, dass Ihre Liebe zueinander „stimmt" und stark genug ist, sie ein Leben lang zu leben, dann sollten Sie den Weg der Liebe gehen. Sie müssen sich dann allerdings schützen gegenüber dem Vater und der Schwester. Vielleicht projizieren die beiden ihre eigenen Wünsche in Sie hinein. Und denen entsprechen Sie nicht. Es wird notwendig sein, zu betrauern, dass Sie nicht die Akzeptanz erfahren, die Sie erhoffen. Es wäre schön, wenn die Familie Sie auch akzeptieren würde. Aber wenn es nicht so ist, dann brauchen Sie genügend innere Distanz von dieser Familie. Und Sie können immerhin hoffen, dass die Akzeptanz sich irgendwann doch einmal einstellt. Wenn die Familie sieht, dass Sie

Fragen Sie sich auch nüchtern, ob Ihre Liebe der Belastung standhält, die auf sie zukommt.

beide miteinander glücklich sind, wird sie möglicherweise auch irgendwann in Ihre Liebe einwilligen. Allerdings sollten Sie auch nüchtern sich fragen, ob Ihre Liebe dieser Belastung standhält, die auf sie zukommt. Wenn die Ablehnung immer bleiben würde, wäre es sicher nicht einfach, ohne den Rückhalt der Familie zu leben. Aber auch das kann gehen. Auf jeden Fall sind Sie frei. Sie dürfen sich nicht abhängig machen von der Akzeptanz der Familie. Ihr Freund muss sich auch für Sie entscheiden und dann die Erwartungen seiner eigenen Familie enttäuschen und aus der zu engen Bindung der Familie ausbrechen. Denn diese Abhängigkeit tut ihm nicht gut. Sie legt ihn fest und lässt ihn nicht seinen eigenen Weg gehen. Beten Sie um innere Klarheit. Aber wenn Sie sich klar geworden sind, dann gehen Sie den Weg der Liebe und vertrauen darauf, dass die Liebe auch die Widerstände der Familie auflöst. Der Engel der Klarheit und der Entschiedenheit möge Sie dabei begleiten.

ICH UND ANDERE

Unser Leben spielt sich im Miteinander ab, im Miteinander der Nachbarschaft, der Firma, in der wir arbeiten, der Pfarrei oder der Gemeinde, in der wir uns engagieren, und in den vielen Kontakten, die wir täglich haben. Im Umgang mit den anderen werden wir konfrontiert mit eigenen Gefühlen und Lebensmustern. Im Gespräch mit einem Mann, der laut redet, erinnern wir uns an den Vater, vor dem wir Angst hatten, wenn er laut wurde. Und wir geraten dann ganz schnell in die Rolle des kleinen ängstlichen Mädchens oder des angepassten Jungen. Viele ärgern sich, wenn sie im Umgang mit anderen Menschen ihre alten Lebensmuster erleben. Sie meinen, sie müssten doch mit 50 oder 60 Jahren längst die Prägung der Kindheit hinter sich gelassen haben. Doch statt sich zu ärgern, sollten wir unsere Beziehung zu anderen Menschen als Chance nutzen, zu wachsen und uns unserer selbst immer bewusster zu werden. Die Begegnung mit anderen Menschen ist eine wichtige Quelle der Selbsterkenntnis und der persönlichen Reifung.

Ganz wesentlich ist: Wir müssen uns im Umgang miteinander von dem Zwang verabschieden, uns mit anderen zu vergleichen. Auch wenn wir uns nicht vergleichen möchten, werden solche Gedanken trotzdem in uns auftauchen. Dann wollen sie uns dazu einladen, bewusst ja zu sagen zu uns selbst. Wir müssen nicht so sein wie die anderen. Wir sind wir selbst. Wir sind einmalig. Es geht nicht darum, besser oder stärker oder intelligenter zu sein oder besser auszusehen als die anderen. Es geht vielmehr darum, in Einklang mit uns selbst zu kommen. Wenn ich mit mir selber im Einklang bin, werde ich den anderen in aller Freiheit begegnen. Immer wenn ich mich unter Druck setze, ein ganz bestimmtes Bild abgeben zu müssen, wird das Miteinander anstrengend. Wenn wir uns erlauben, wir selbst zu sein, bekommt das Miteinander die Qualität von Freiheit und sie verbindet sich mit gegenseitigem Respekt. Wer seinen Wert in sich entdeckt, lässt auch dem anderen seinen Wert und kann sich daran freuen.

Wir können miteinander nur gut auskommen, wenn wir uns füreinander öffnen. Aber wir müssen uns gut abgrenzen. Es gibt Menschen, die keine Grenzen kennen. Sie zerfließen mit allen. Sie beziehen alles auf sich. Wenn sie im Bus fahren, haben sie den Eindruck, die beiden, die miteinander reden, würden über sie sprechen. Wenn zwei Menschen lachen, denken sie, sie würden sie über sie lachen. Wir neigen alle zu einer solchen Haltung: Wenn einer einen mürrischen Blick hat, glauben wir, er würde uns ablehnen oder unser Verhalten missbilligen. Alles beziehen wir auf uns. Dabei steht fest: Wir brauchen Grenzen, um den anderen gut begegnen zu können, ohne uns zu verausgaben und ohne uns von ihnen vereinnahmen zu lassen. Aber viele haben Angst, nein zu sagen. Sie glauben, sie würden andere verletzen. Doch ein klares Nein kann eine klare Beziehung schaffen. Der andere weiß, woran er ist. Nähe und Distanz, Sich-Abgrenzen und Sich-Öffnen, auf den anderen zugehen und sich zurückziehen, all das braucht eine gute Balance. Wenn uns diese Balance gelingt, dann werden wir das Miteinander als Bereicherung erleben.

Ich kämpfe sehr mit dem Neid. Es ist ein ganz tief sitzendes Gefühl, und ich weiß natürlich, dass das ein Laster oder zumindest kein schöner Zug ist. Immer glaube ich, andere Menschen haben es besser oder schöner als ich. Ich weiß, dass es unsinnig ist und trotzdem überfällt es mich regelmäßig. Ich bemühe mich um Dankbarkeit und verfalle im Anschluss dann doch wieder ins Gejammere, dass es jemand anderem besser geht oder ihm die Dinge leichter fallen als mir.

Wie begegne ich diesem Neid am besten?

Sie sollten nicht gegen Ihren Neid kämpfen, sondern mit ihm sprechen. Was sagt Ihnen Ihr Neid? Welche Sehnsucht versteckt sich hinter ihm? Vielleicht diese: Sie möchten glücklich sein, es besser haben, leichter mit dem Leben umgehen? Vielleicht entdecken Sie, wenn Sie sich diese Wünsche eingestehen, dass in Ihnen selbst die Fähigkeit steckt, anders und leichter mit sich umzugehen, manches besser zu machen. Das wäre der eine Weg. Der Neid zeigt Ihnen, was in Ihnen an Kraft steckt. Und dafür sollten Sie dankbar sein.

> Der *Neid* zeigt Ihnen, was in Ihnen an Kraft steckt. Und dafür sollten Sie dankbar sein.

Der andere Weg: Sie sollten betrauern, dass Sie so sind, wie Sie sind, durchschnittlich begabt, mit einer gewissen Schwere usw. Das Betrauern geht durch den Schmerz über die eigene Begrenztheit. Aber durch das Betrauern kommen wir auch mit dem Potential unserer Seele in Berührung, das in uns steckt. Und wir werden fähig, ja zu uns zu sagen, so wie wir sind, ja zu sagen zu unserer Durchschnittlichkeit. Dieses Ja führt zum inneren Frieden. Kämpfen Sie also nicht gegen den Neid, sondern lassen Sie sich vom Neid, der in Ihnen aufkommt, immer wieder daran erinnern, dankbar zu sein für das, was Sie haben und was Sie sind und leben. Danken kommt von denken. Der Neid lädt Sie ein, richtig zu denken, genauer: so zu denken, dass Sie dankbar sein können. Und Sie werden genügend Gründe finden, dankbar zu sein, dass Sie so sind, wie Sie sind, dankbar zu sein für das, was Gott Ihnen an Gaben und Erlebnissen geschenkt hat.

In der Anwesenheit von jemandem, der ständig kritisiert und nur negativ redet, bin ich ganz hilflos.

Wie sollte ich reagieren?

Der erste Weg in einer solchen Situation ist, sich selbst zu schützen und sich nicht von den negativen Worten anstecken oder beeinflussen zu lassen. Ich lasse die Worte beim anderen und antworte nicht darauf. Sonst wird er immer neue Gründe finden, mit seiner Kritik fortzufahren. Wenn Sie etwas Gutes dagegen setzen, wird er sagen: „Ja, aber…"

> Entscheidend ist, sich selbst zu *schützen* und sich nicht von den negativen Worten anstecken oder beeinflussen zu lassen.

Es gibt zwei Wege, zu antworten. Der erste Weg ist das Schweigen. Wenn Sie gar nichts sagen, sondern im Schweigen bei sich sind, dann wird der andere bald merken, dass seine Worte keine Resonanz finden. Er wird also ein Selbstgespräch führen. Und das wird auf Dauer für ihn langweilig. Der zweite Weg: Sie fragen ihn ganz direkt: „Was hast du davon, die Dinge so negativ zu sehen?" Diese Frage verunsichert den anderen zumindest. Vielleicht wird er sich herausreden: „Die Welt ist einfach so schlimm." Dann würde ich nur antworten: „Wir sehen die Welt immer so, wie wir uns selbst sehen." Aber darüber würde ich nicht mehr diskutieren, sondern das Wort einfach stehen lassen. Es wird ihn verunsichern. Und auch wenn es nicht sofort sein Reden verändert, wird es doch wie ein Stachel in seiner Seele sein, ein Anstoß, der irgendwann einmal seine Sichtweise beeinflussen wird.

Zwischendurch unterhalten wir uns unter Kolleginnen oder Freundinnen über andere. Es geht um Klatsch und kritische Beobachtungen. Ich merke, welche Lust es macht und dass es einen Sog haben kann, über andere schlecht zu reden. Und ich merke, dass das eine große Versuchung ist, der ich mich kaum entziehen kann.

Es ist fast wie eine Sucht, und ich fühle mich auch nicht gut danach.

Wir reden gerne über die *Fehler der anderen* und machen sie schlecht, um uns selbst besser zu fühlen.

Wir reden gerne über die Fehler der anderen und machen sie schlecht, um uns selbst besser zu fühlen. Wir lenken von den eigenen Fehlern ab. Und wir möchten uns insgeheim über die anderen stellen. Wir sind ja besser als die anderen. Aber zugleich spüren Sie, dass solche Gespräche nichts bringen. Sie fühlen sich nachher schlechter. Hermann Hesse sagt einmal: „Was nicht in uns ist, das regt uns auch nicht auf." Fragen Sie sich einmal, wenn Sie über andere reden: Rede ich jetzt eigentlich über mich? Habe ich nicht genau die gleichen Fehler wie der andere, über den ich rede? Nehmen Sie also Ihr Reden als Spiegel für sich selbst. Das wird Sie dann davon abhalten, einfach weiter negativ über andere zu reden.

Die Frage ist, wie Sie auf Ihre Kolleginnen und Freundinnen reagieren sollen. Sie sollen sich nicht über sie stellen, indem Sie ihnen ihr Verhalten vorwerfen. Sie sollten entweder still sein bei solchen Gesprächen, oder das Gespräch auf ein anderes Thema lenken oder aber auch einmal sagen: „Eigentlich möchte ich nicht so gerne über andere reden. Ich bin ja auch nicht anders als die, über die wir jetzt reden." Mit solchen Worten laden Sie Ihre Kolleginnen ein, sich anderen Themen zuzuwenden, ohne dass Sie ihnen einen Vorwurf machen. Sie sprechen damit die Sehnsucht der Freundinnen an, auf andere Weise miteinander zu reden. Denn Ihre Freundinnen sind sicher ebenso wenig wie Sie wirklich glücklich, wenn sie in dieser Weise über andere reden. Solche Gespräche hinterlassen bei allen einen faden Beigeschmack. Haben Sie daher in solchen Situationen einfach den Mut, Ihre Gespräche auf eine andere Ebene zu heben.

Ich bin an sich ein gutmütiger Mensch. Und wenn mich jemand freundlich um etwas bittet, kann ich kaum nein sagen. Allerdings merke ich, dass meine Gutmütigkeit auch ausgenutzt wird.

Wie kann ich lernen, nein zu sagen, ohne meine Freundlichkeit aufzugeben?

Sie dürfen dankbar sein für Ihre Freundlichkeit und Hilfsbereitschaft. Das ist eine gute Seite an Ihnen. Sie sollen sich auch nicht um 180 Grad drehen. Das würde für Sie nicht stimmen. Doch Sie sollten auf Ihre Gefühle achten. Wenn Sie sich ausgenutzt fühlen, dann steigen in Ihnen Gefühle von Bitterkeit und Aggression auf. Und diese Gefühle sollen Sie ernst nehmen. Sie zeigen Ihnen, dass Sie Grenzen setzen müssen. Das Gefühl, ausgenutzt zu werden, ist also wie eine Alarmglocke, die Ihnen zeigt, dass Sie jetzt mehr auf sich selbst achten und in einer bestimmten Situation nein sagen sollten. Wenn es Ihnen schwer fällt, nein zu sagen, dann fragen Sie sich, warum. Vielleicht möchten Sie bei allen beliebt sein. Geben Sie Ihr Bedürfnis dann auch zu: „Ja, ich möchte bei allen beliebt sein." Indem Sie sich das eingestehen, merken Sie, dass das unrealistisch ist. So können Sie Ihr Bedürfnis annehmen und zugleich loslassen.

Vielleicht haben Sie Angst, den anderen zu verletzen, wenn Sie nein sagen. Aber Sie können auch freundlich und klar nein sagen, ohne den anderen zu verletzen. Es kann sein, dass der andere sich verletzt fühlt und Ihnen ein Schuldgefühl einredet, indem er Ihnen unterstellt, Sie seien jetzt egoistisch. Doch das ist nur ein Trick, um Sie wieder zu Ihrem ständigen ja sagen zu überreden. Einem anderen Schuldgefühle einzureden, ist die subtilste Form von Machtausübung. Sie haben natürlich keine Garantie, ob Sie alles richtig machen. Aber trauen Sie dem inneren Gefühl. Das sagt Ihnen, wo Sie ja und wo Sie nein sagen sollen. Das Nein kann Ihnen ein Gefühl von Freiheit und Stimmigkeit geben und es klärt auch die Beziehung zum anderen. Es stellt die Beziehung auf eine tragfähigere Basis.

> Das Gefühl, ausgenutzt zu werden, ist wie eine *Alarmglocke*, die Ihnen zeigt, dass Sie jetzt mehr auf sich selbst achten sollten.

In meinem Club, in dem ich Vorstand bin, haben wir immer viel zu entscheiden. Natürlich geht das nur in Abstimmung mit anderen. Nun bin ich aber ein Typ, der eher vom Bauch her entscheidet, also intuitiv und vom Gefühl her. Mein Vorstandskollege ist ein eher rationaler Typ, der alles Für und Wider abwägen muss, der alle Informationen erst sichten will, bis er sich zu irgendetwas durchringt. Das führt immer wieder zu ganz konträren Ansichten und zu Streit.

Wie soll ich mich in solchen Konflikten verhalten?

Sind Sie dankbar für Ihre Fähigkeit, „vom Bauch her" zu entscheiden. Und offensichtlich sind Sie auch entscheidungsfreudig, während Ihr Kollege sich überhaupt schwer tut mit Entscheidungen und daher alle möglichen Argumente braucht. Dass die Unterschiedlichkeit Ihrer Veranlagung zu Konflikten führen kann, ist nichts Ungewöhnliches. Sie können diese Unterschiedlichkeit aber auch als gute Ergänzung sehen. Bleiben Sie bei Ihrer Fähigkeit, intuitiv zu entscheiden. Bieten Sie dem anderen Ihre Entscheidung an: „Ich würde so entscheiden." Aber lassen Sie dem anderen Zeit, die Entscheidung zu überprüfen. Damit überrumpeln Sie ihn nicht und nehmen seine gründliche Entscheidungsfindung an, sehen darin sogar eine Chance. Wenn er allerdings dann zu einer anderen

Entscheidung kommt, sollen Sie nicht einfach nachgeben, sondern seine Argumente hören und dann aber doch aus dem inneren Gefühl heraus entscheiden. Das ist oft besser als die vielen Argumente. Es sollte aber kein Machtkampf werden. Bei einem Machtkampf gibt es in solchen Situationen nur Verlierer. Wenn Sie zu gegenteiligen Auffassungen kommen, dann können Sie sagen: „Ich höre gerne deine Argumente und respektiere sie. Aber wenn ich in mich hinein horche, spüre ich, dass ich anders entscheide." Wenn Sie der eigentlich zuständige und verantwortliche Vorstand sind, dürfen Sie dem anderen auch zutrauen, dass Sie anders entscheiden und dass er Ihre Entscheidung annimmt, ohne sein Gesicht zu verlieren. Sie haben ihm ja signalisiert, dass sein Überlegen Bedeutung hatte für den Entscheidungsprozess. Natürlich gibt es manche Entscheidungen, die sofort getroffen werden müssen. In einem solchen Fall sollten Sie dem Kollegen auch zumuten, die Entscheidung mitzutragen, auch wenn er noch keine Zeit hatte zu überlegen.

> Helfen Sie dem anderen, sein Gesicht zu wahren.
> *Machtkämpfe* kennen oft nur Verlierer.

In mancher Hinsicht habe ich ein „Elefantengedächtnis". Etwas, was mir zugefügt worden ist, und sei es noch so lange her, kann ich nur sehr schwer verzeihen oder vergessen. Negative Begebenheiten wühlen mich immer wieder auf. Sie verfolgen mich und beeinflussen mich natürlich auch negativ. Ich leide aber auch darunter, dass ich mich von diesen schlechten Gedanken nicht trennen kann, ich ärgere mich über mich selber und bin deprimiert, dass ich immer wieder in diese Verhaltensmuster zurückfalle.

Was kann ich tun, um alte Kränkungen wirklich loszulassen?

Schauen Sie die *Kränkungen* an, aber wühlen Sie nicht in den alten *Wunden*.

Dass Sie sich über sich ärgern, dafür können Sie nichts. Aber wie Sie mit dem Ärger über sich umgehen, das liegt in Ihrer eigenen Verantwortung. Die Kränkungen tauchen einfach auf. Sie können sie nicht daran hindern, in Ihr Gedächtnis einzutreten. Aber Sie können anders damit umgehen. Schauen Sie die Kränkungen an, aber wühlen Sie nicht in den alten Wunden. Geben Sie vor sich selbst zu, dass diese Kränkung Ihnen weh getan hat. Aber dann stellen Sie sich vor, dass die Kränkung Sie aufgebrochen hat für Ihr wahres Selbst. Die Kränkung hat Ihre Illusionen einer heilen Welt zerbrochen. Sie hat Ihre Masken zerbrochen, die Sie aufgesetzt haben, und die Panzer, die Sie um Ihr Herz aufbauen wollten, damit Sie nicht so leicht verletzt werden können. Die Kränkung kann auch zur Chance werden, tiefer in den eigenen Seelengrund zu gelangen, um dort Ihr wahres Selbst zu entdecken.

Ein anderer Weg, mit den Kränkungen umzugehen, wäre, sie nicht zu bekämpfen, sondern sie Gott hinzuhalten. Stellen Sie sich vor, dass Gottes heilende Liebe in Ihre Wunden hineinfließt und sie verwandelt. Dann werden Ihre Wunden zum Einfallstor der Liebe Gottes. Und die Kränkungen erinnern Sie immer wieder daran, dass diese Liebe stärker ist als die Wunden, die Menschen Ihnen geschlagen haben. Die Kränkungen werden zu Erinnerungszeichen an die Liebe Gottes. Damit verlieren sie ihre destruktive Macht über Sie. Sie sollen die Gedanken also nicht einfach loslassen. Nehmen Sie sie als Freunde an, die Sie zu Gott und zu Ihrem eigentlichen Selbst führen möchten.

Natürlich weiß ich, wie erleichternd und befreiend es sein kann, mit jemand Frieden zu schließen. Gerne würde ich mich mit einem Menschen aussöhnen.

Was ist, wenn der andere nicht bereit ist zur Versöhnung?

Das lateinische Wort für Versöhnung „reconciliatio" meint, dass wir mit dem Menschen, mit denen wir uns zerstritten haben, wieder Gemeinschaft aufnehmen. Das deutsche Wort Versöhnung hat verschiedene Bedeutung. Es kann Wiedergutmachung heißen. Es kann aber auch „still machen, beschwichtigen, beruhigen" bedeuten. Wenn ich mich mit einem anderen versöhne, beruhige ich seine gegen mich aufgebrachte Seele. Es ist eine neue Beziehung möglich.

Die Versöhnung geschieht normalerweise zwischen zwei Menschen. Aber wenn der andere absolut nicht bereit ist zur Versöhnung, dann sollen wir uns davon nicht abhängig machen. Wir sollen uns dann selbst nicht aufgeben und verbiegen. Vielmehr geht es in einer solchen Situation darum, sich innerlich mit dem andern auszusöhnen, ihm zu vergeben und ihn innerlich frei zu lassen. Es tut weh, zu sehen, wenn der andere nicht versöhnungsbereit ist. Wir sollen aber nicht über ihn urteilen, sondern betrauern, dass er so ist. Wie verletzt muss er sein, dass er an seiner Wunde so festhält? Wovor hat er Angst? Hat er Angst, sich selbst und seine Lebensgrundsätze in Frage zu stellen? Hat er Angst, sich selbst dabei zu verlieren? Jetzt geht es darum, zu respektieren, dass er noch nicht bereit ist, sich zu versöhnen. Aber ich soll die Hoffnung nie aufgeben. Ich soll ihn selbst nie aufgeben. Ich lasse immer eine Tür offen. Aber ich muss ihn nicht täglich drängen, durch die offene Tür zu gehen. Es ist seine Entscheidung, ob er das Angebot der offenen Tür eines Tages annimmt oder ob er für immer draußen bleiben möchte. Auch das muss ich respektieren, selbst wenn es mir schwer fällt. Doch auch wenn der andere nicht bereit ist, sich mit mir zu versöhnen, ist es meine Aufgabe, mich innerlich mit ihm zu versöhnen, d. h. ihm keine Vorwürfe mehr zu machen, ihn sein zu lassen, wie er ist, und ihm trotzdem die Hand zur Gemeinschaft hinzuhalten. Ich bin mit dem andern versöhnt, wenn ich nichts mehr gegen ihn habe. Das ist immer auch eine Wohltat für mich. Denn solange ich nicht versöhnt bin, bin ich noch an den andern gebunden, gebe ich ihm noch Macht. Seine negative Energie strömt noch in mir. Die Versöhnung befreit mich von dieser negativen Energie. Sie heilt die Wunde, die noch in mir ist und schenkt mir inneren Frieden.

> Ich lasse immer eine Tür offen. Auch wenn der andere nicht bereit ist, sich *mit mir* zu versöhnen, ist es meine Aufgabe, mich innerlich *mit ihm* zu versöhnen.

Ich habe Angst vor Menschen, die massiv auftreten, mir rhetorisch überlegen sind und auch noch eine Position haben, die sie mir „von oben herab" entgegentreten lässt.

Was kann ich gegen diese innere Lähmung tun?

Zunächst wäre es gut, wenn Sie sich fragen, an wen Sie solche Menschen erinnern, denen Sie sich unterlegen fühlen. Vermutlich ist es der Vater, der Sie eingeschüchtert hat. Oder aber Sie haben in Ihrer Kindheit zu wenig Selbstwert entwickelt. Sie lassen sich von diesen Menschen zu sehr in die Rolle des Unterlegenen hinein drängen. Sie sollen jetzt keinen Machtkampf führen. Der erste Weg ist, dass Sie gut bei sich selbst, also mit sich selber in Berührung sind. Wenn Sie mit sich in Berührung sind, dann hat der andere nicht soviel Macht über Sie. Sie können sich vorstellen: Ich bin ganz eins mit mir, ich befinde mich im Frieden mit mir. Ich spüre mich in meiner Einmaligkeit. Ich darf so sein, wie ich bin. Ich muss gar nicht so stark im Reden sein. Aber ich bin ich.

Und dann stellen Sie sich vor: wenn ich so im Einklang bin mit mir, kommt nun dieser Mensch, vor dem ich oft wie gelähmt bin, auf mich zu und fängt an, mich von seinen Argumenten zu überzeugen. Ich muss ihm gar nicht erwidern. Ich bleibe einfach bei mir, beobachte, was im anderen abläuft. Warum muss er so massiv auftreten? Warum muss er seine Argumente mit einer so großen Rhetorik untermauern? Glaubt er selbst nicht daran? Muss er so viele Gründe finden, weil er keinen inneren Grund hat, auf dem er steht? Und was würde ich ihm antworten, wenn ich ganz bei mir bleibe? Oder würde ich lieber schweigen, weil es sich gar nicht lohnt, darauf zu antworten? Würde ihn vielleicht gerade mein Schweigen verunsichern?

> Stellen Sie sich vor, dass der andere auch nur ein Mensch ist, einer, der hinter seiner *Fassade* manches verstecken muss.

Wenn Sie sich in der Vorstellung das Gespräch ausmalen, wird es Ihnen auch helfen, in der Realität anders mit diesen Personen zu sprechen und anders auf sie zu reagieren. Wenn Sie dann wirklich im Gespräch sind, werden Sie nicht mehr gelähmt erstarren. Der andere wird Sie dann vielmehr in Berührung bringen mit Ihrer eigenen Kraft und Ihrer eigenen Fähigkeit. Aber das braucht Zeit. Sie haben zu mächtige Bilder vom anderen in sich gespeichert. Stellen Sie sich vor, dass der andere auch nur ein Mensch ist, einer, der hinter seiner Fassade manches verstecken muss. Sie brauchen andere Bilder von sich selbst und vom anderen, damit das Gespräch gelingt. Von sich selbst haben Sie offensichtlich ein geringes Selbstbild. Vielleicht drückt es sich aus in Worten wie: Ich bin nicht richtig. Ich bin klein und unbegabt. Ich genüge nicht den Ansprüchen. Und auch vom anderen haben Sie ein unrealistisches Bild: Der hat viel Macht. Er durchschaut mich. Er ist mir überlegen. Ich genüge nicht seinen Erwartungen. Suchen Sie sich nicht irgendwelche beliebigen Bilder aus, sondern Bilder, die für Sie und den anderen stimmen und die Beziehung realistischer werden lassen. Dann werden nicht nur Sie sich ändern, auch Ihre Beziehung zu anderen wird nicht mehr die gleiche sein.

SPIRITUALITÄT UND GLAUBENSFRAGEN

Menschen, die sich um religiöse Fragen kümmern und sich auf die spirituelle Suche machen, erleben heute zum einen die Verunsicherung durch Zeitgenossen, die Glaube und Religion ablehnen oder gar nichts damit anfangen können. Sie erfahren aber auch die Verunsicherung durch Menschen, die so fest in ihrem Glauben stehen, dass für sie alles klar und unbezweifelbar ist und die jeden Zweifel als Schwäche oder Untreue sehen.

Die Einstellung zur Religion ist auch im intellektuellen Klima unserer Zeit nicht mehr eindeutig. Auf der einen Seite sprechen wir von der Wiederkehr der Religion. Die spirituelle Suche ist weit verbreitet, auch in Kreisen, die nicht typisch kirchlich sind. Und viele Psychologen haben heute die positive Wirkung der Spiritualität entdeckt. Auf der anderen Seite scheint es heute auch eine Renaissance des Atheismus zu geben. Das verunsichert viele Glaubende. Entscheidend ist, dass der Glaube nicht mit wissenschaftlichen Argumenten aus der Welt geschafft werden kann, weil er auf einer anderen Ebene liegt als die „reine Vernunft", die es als solche auch gar nicht gibt.

Die andere Herausforderung besteht für spirituell suchende und empfängliche Menschen, wenn sie selbst wahrnehmen, dass ihnen ihr Glaube abhanden gekommen ist, der ihnen früher wichtig und selbstverständlich war. Sie haben als Kind und als Jugendliche und vielleicht noch lange danach in dieser Glaubenssicherheit gelebt und sich lange ganz selbstverständlich in der kirchlich geprägten Lebenswelt bewegt. Auf einmal spüren sie nichts mehr von dem, was sie geglaubt haben und was sie in ihrem geistlichen Leben getragen hat. Sie empfinden eine Leere, eine Lücke in ihrem Leben und suchen ehrlich nach einem Glauben, der sie überzeugt und wirklich trägt und ihnen eine neue innere Sicherheit gibt.

Oft leiden gläubige Menschen auch daran, dass ihre Kinder und Enkelkinder vom Glauben nichts mehr wissen möchten. Ihre Kinder und Enkelkinder lehnen den Glauben nicht ab. Aber sie scheinen keine Antenne und kein Interesse dafür zu haben. Er ist ihnen einfach fremd. Das macht viele gläubige Eltern und Großeltern sprachlos.

Dann gibt es die Christen, die ganz und gar überzeugt sind von dem, was sie glauben. Für sie ist alles klar. Und sie machen den spirituell Suchenden ein schlechtes Gewissen, weil sie nicht die persönliche Beziehung zu Jesus oder zu Gott haben. Sie bräuchten Jesus nur alles anzuvertrauen, dann würde alles gut. Wir hätten gerne diese Sicherheit. Zugleich jedoch erzeugen sie in uns Zweifel, ob es wirklich so leicht geht. Und manchmal setzen uns solche Worte unter Druck, dass wir die gleichen Gefühle haben müssten, dass wir uns von Jesus geliebt fühlen müssten. Doch Gefühle kann man nicht einfach hervorrufen. Ehrlich suchende Gläubige suchen eine Bestärkung ihres Glaubens. Aber sie möchten nicht, dass man ihnen ein festes Glaubensgebäude überstülpt. Sie möchten weiterhin Menschen bleiben, die ehrlich suchen und fragen. Ihre Fragen sind eine Herausforderung an die Kirche, den Glauben in einer Sprache zu verkünden, die die Herzen berührt. Es soll eine Sprache sein, die den Glauben nicht verwässert, sondern unsere tiefste Sehnsucht nach Gott anspricht. Wir sehnen uns heute nach der Sprache, die die Jünger am Pfingstfest sprechen durften, weil der Heilige Geist in Feuerzungen über sie kam. Da konnten sie so sprechen, dass ein Funke übersprang und die Menschen sich in ihrem Herzen verstanden fühlten. Jeder verstand, was die Jünger sagen wollten. Es war kein intellektuelles Verstehen, auch nichts, was die Menschen in ihrer Innerlichkeit allein ließ, sondern ein Verstehen, das zu der Frage führte: „Was sollen wir tun?" (Apg 2,37)

Max Horkheimer meint, gerade eine Sprache, die nicht einfach angepasst ist, halte unsere Sehnsucht nach dem ganz anderen wach. Aber es muss doch eine Sprache sein, die unser Herz berührt und es für Gott öffnet. Albert Biesinger meinte in einem Buch über religiöse Erziehung, wir sollten die „Kinder nicht um Gott betrügen". Das gilt auch für die Erwachsenen. Sie möchten nicht um Gott betrogen werden. Sie möchten ihrer Sehnsucht trauen, dass Gott das Ziel ihres Lebens ist. Wie finden wir die Sprache, die diese Sehnsucht nach Gott anspricht und die Herzen für Gott und für das Geheimnis Jesu Christi öffnet?

Meine Mutter hat mich allein erzogen. Mein „Erzeuger", also der leibliche Vater, hat sich damals aus dem Staub gemacht, ich hatte nie mit ihm Kontakt.

> *Wie kann ich Gott als meinen Vater sehen, wenn ich meinen eigenen Vater nie kennengelernt habe?*

Es ist immer eine Wunde, wenn wir den eigenen Vater nicht kennen. Diese Wunde können Sie nicht überspringen. Sie sollen sie betrauern. Dann kommen Sie durch die Wunde hindurch mit dem Potential Ihrer Seele in Berührung. Und Sie werden in Ihrer Seele auch das archetypische Bild des Vaters entdecken. Archetypische Bilder sind unserer Seele eingeprägt, unabhängig von unserer Erziehung. In der Tiefe unserer Seele wissen wir, was ein guter Vater ist. Wenn wir mit diesem archetypischen Bild in uns in Berührung kommen, entfaltet es stets eine heilende Wirkung. Es zentriert uns, wie C. G. Jung sagt. Er meint damit: Es führt uns zu unserem wahren Selbst. Horchen Sie also in Ihre Seele hinein und entdecken Sie dort das archetypische Vater-Bild Ihrer Seele. Sie können es auch entdecken, wenn Sie sich fragen, welche väterlichen Menschen in der Realität oder auch im Film oder in Büchern Sie ansprechen und anrühren. Dann wäre

Ein wichtiger Weg, mit dem Vater in sich in Berührung zu kommen, ist die Begegnung mit väterlichen Menschen.

es gut, wenn Sie dieses Bild immer tiefer in sich einprägen und wenn Sie versuchen, selbst mit sich auf eine Weise umzugehen, die von den positiven Seiten eines solchen Vaterbildes bestimmt ist. Wenn Sie das verlassene und verletzte Kind in sich väterlich umarmen, wird der Vater in Ihnen immer stärker.

Ein wichtiger Weg, mit dem Vater in sich in Berührung zu kommen, ist die Begegnung mit väterlichen Menschen. Sie werden in Ihrem Leben sicher auch väterliche Menschen, Ersatzväter, getroffen haben: vielleicht den Großvater, den Onkel, einen Lehrer, einen Priester. Wenn Sie die Erfahrungen mit diesen väterlichen Menschen auf Gott projizieren, wird Ihnen aufgehen, wer Gott für Sie sein kann. Oder trauen Sie Ihrer inneren Sehnsucht nach dem Vater und richten Sie diese Sehnsucht auf Gott. Dann werden die Worte der Bibel vom väterlichen Gott Ihr Herz berühren. Sprechen Sie das Vaterunser in diese Sehnsucht hinein. Dann kann es sein, dass Sie die Erfahrung Gottes als des Vaters machen, der Ihnen den Rücken stärkt, der zu Ihnen steht, der Sie nie verlässt, der Ihnen Mut macht, das eigene Leben in die Hand zu nehmen.

Mein Vater hat mir immer beigebracht, dass Glaube Unsinn ist. Ich habe mich für den Glauben entschieden. Aber oft werde ich von starken Zweifeln heimgesucht, dass doch alles nur Einbildung ist.

Wie gehe ich mit meinen Zweifeln um?

Die Zweifel gehören zum Glauben. Sie zwingen uns, das, was wir glauben, zu hinterfragen. Und sie helfen uns, für uns neu zu formulieren, was wir eigentlich meinen, wenn wir an Gott glauben, an Jesus Christus, an seine Auferstehung, an das ewige Leben, das uns erwartet. Aber es gibt auch Zweifel, die uns am Glauben hindern. Wenn wir alles hinterfragen, wenn wir mit dem Zweifel alles zersetzen, dann gibt es nichts mehr, auf das wir setzen können. Daher könnte es helfen, wenn Sie sich vorstellen: Ja, alles ist nur Einbildung. Mein Vater hat recht: Glaube ist Unsinn. Wenn ich mir diese Vorstellung erlaube, spüre ich tief in meinem Herzen: Es lohnt sich, zu glauben. Sonst wäre alles absurd. Sonst können wir auf nichts bauen. Und ich entscheide mich dann für den Glauben. Sie haben gesehen, dass Ihr Vater nicht glücklich war mit seinem Unglauben. Er hat ihn offensichtlich sehr verbissen gelebt, sonst hätte er Sie nicht so zu indoktrinieren versucht. Diese

Verbissenheit zeigt, dass er in sich eine Sehnsucht nach Glauben hatte. Aber er hat ihr nicht getraut.

Die Stimme des Vaters wird immer wieder in Ihnen auftauchen. Vielleicht ist es gerade Ihre Aufgabe, angesichts dieser inneren Zweifel und des Bedrohtseins durch den Unglauben immer neu nach dem Glauben zu suchen und um ihn zu ringen. Dann leisten Sie damit nicht nur etwas für sich selbst, sondern auch für viele Menschen, die sich heute mit dem Glauben schwer tun. Sie ringen sich stellvertretend für viele zweifelnden Menschen zum Glauben durch und helfen damit auch anderen, ihre Zweifel zu überwinden. Und Sie werden fähig, so über den Glauben zu sprechen, dass auch suchende Menschen verstehen, was Glauben heißt, dass zweifelnde Menschen mit ihrer Sehnsucht in Berührung kommen, sich im Glauben Gott anzuvertrauen und in Gott innere Freiheit und Festigkeit zu finden.

Ich selber bin nach dem Krieg aus der evangelischen Kirche ausgetreten, weil der Pastor unserer Gemeinde ein Nazi war. Meine Tochter haben wir nicht getauft, aber nach moralischen Grundsätzen und auch in der Offenheit gegenüber der Religion gut zu erziehen versucht. Sie hat inzwischen selber einen Sohn, der keinerlei religiöse Erziehung mehr genossen hat. Da ich inzwischen wieder in die Kirche eingetreten und auch in der Gemeinde aktiv bin und spüre, wie wichtig das für mich geworden ist, leide ich ganz besonders darunter, dass der Enkel mit dieser Welt gar nichts mehr anfangen kann.

Wie kann ich meinem Enkel etwas von dem weitergeben, was mir wichtig ist?

Sie können Ihren Enkel nicht missionieren. Aber Sie sollten mit ihm durchaus über das reden, was Ihnen wichtig ist. Erzählen Sie einfach, was Sie in der Kirche machen. Wenn der Enkel offen dafür ist, würde ich auch über das sprechen, was mich trägt und was mir der Glaube bedeutet. Und ich würde ihn auch fragen, wie er sein Leben versteht und worin er den Sinn des Lebens sieht. Ich weiß nicht, wie alt Ihr Enkel ist. Wenn er noch klein ist, würde ich mit ihm beten. Wenn er größer ist, würde ich ihm vielleicht ein Buch schenken, das ihm eine andere Sicht vermitteln kann.

Es ist eine Herausforderung, eine Sprache zu finden, die das Herz öffnet für etwas, das größer ist als das alltägliche Ringen um gute Noten oder genügend Geld.

Und vor allem sollen Sie darauf vertrauen, dass er seinen Weg findet, dass er in seinem Herzen mehr spürt, als er nach außen hin ausdrücken kann. Denn jeder Mensch hat in sich eine Sehnsucht nach diesem Mehr. Sie dürfen hoffen, dass diese Sehnsucht auch bei ihm einmal durch eine spirituelle Erfahrung angesprochen und geweckt wird. Ich kenne genügend Menschen, die keinerlei religiöse Erziehung erfahren haben, die aber in ihrem Herzen eine religiöse Sehnsucht entdeckt haben. Sie waren offen für Gottesdienste oder Kirchengebäude, in denen sie sich wohl gefühlt haben. Sie können ja einfach nur mit dem Enkel Kirchen anschauen und sie ihm erklären. Dann sehen Sie, welche Fragen er hat. Aber es ist auch für Sie eine Herausforderung, eine Sprache zu finden, die der Enkel versteht und die ihm das Herz öffnet für etwas, das größer ist als das alltägliche Ringen nach guten Noten oder genügend Geld.

Ich habe kürzlich einen Freund kennengelernt, den ich sehr sympathisch finde, und ich glaube, dass es Liebe ist, was sich zwischen uns beiden entwickelt. Er kommt allerdings aus einem ganz anderen Elternhaus als ich und hat mit Glaube und Christentum überhaupt nichts am Hut. Wir sparen das Thema aus. Es gibt vieles andere, was uns verbindet und interessiert. Aber es ist da eine Lücke zwischen uns. Wie kann ich sie überwinden?

Wird die Liebe reichen?

Für die Freundschaft und die Ehe ist es nicht unbedingt notwendig, dass der andere den gleichen Glauben hat wie ich. Aber aussparen darf ich das Thema nicht. Sonst steht immer etwas zwischen Ihnen und Ihrem Freund. Und Sie haben das Gefühl, dass ein Teil von Ihnen nicht geliebt wird. Sprechen Sie also über Ihren Glauben und darüber, was er Ihnen bedeutet. Er muss diesen Glauben nicht unbedingt verstehen. Aber in der Art und Weise, wie er zuhört, spüren Sie, ob Sie sich auch mit Ihrem Glauben geachtet und geliebt fühlen. Wenn der Freund Ihren Glauben lächerlich macht, dann wäre das wohl ein Grund, sich zu trennen. Denn dann fühlen Sie sich selbst nicht ernst genommen. Sie können also nur prüfen, ob die Liebe stark genug ist, die unterschiedlichen Glaubenspositionen zu überbrücken. Sie brauchen nicht zu erwarten, dass der andere Ihren Glauben übernimmt. Aber

> *Liebe* ist die eigentliche Basis für eine dauerhafte Beziehung. Aber Liebe meint immer den *ganzen* Menschen, seiner Geschichte, mit seinem Glauben, seinen tiefsten Überzeugungen.

er sollte ihn ernst nehmen und sich zumindest interessiert zeigen. Ihr Glaube ist ja auch für ihn eine Herausforderung, sich mit seinem Lebenskonzept auseinanderzusetzen und sich zu fragen, was ihn selber letztlich trägt und welchen Sinn er in seinem eigenen Leben sieht. Sie dürfen dankbar sein für die Liebe, die Sie spüren. Die Liebe ist die eigentliche Basis für eine dauerhafte Beziehung. Aber diese Liebe meint immer den ganzen Menschen, mit seiner Geschichte, mit seinem Glauben, seinen tiefsten Überzeugungen. Wenn der Unglaube Ihres Freundes für Sie eine Herausforderung ist, sich über den eigenen Glauben Gedanken zu machen, dann ist die Beziehung tragfähig. Wenn Sie aber Ihren Glauben aus Rücksicht auf den Freund vernachlässigen, wird es Ihnen nicht gut tun -- und Ihrer Beziehung auch nicht.

Meine Mutter sagt mir immer, ich müsse positiv denken: Sie ist überzeugt: man muss auf die Kraft des Positiven setzen. Das Gute wird sich schon durchsetzen. Und man kennt diesen ebenso flotten wie flachen Spruch von der Heilen Welt „Alles wird gut" ja auch aus dem Fernsehen. Dieses positive Denken ist nach meiner Überzeugung nur Volksverdummung. Anderseits, so sagt mir meine Mutter, ist das auch eine Frage des Glaubens, der ein Vertrauen auf Gott ist. Bin ich denn unchristlich oder ungläubig, wenn ich skeptisch bin? Man muss doch nur jeden Tag in die Zeitung schauen. Oder auch nur seine Augen in der eigenen Umgebung aufmachen.

Wer sagt das denn, dass am Ende alles gut wird?

Das Vertrauen, das der Glaube schenkt, ist zu unterscheiden von der heute so typischen Haltung, alles positiv zu sehen. Wenn ich alles positiv sehen muss, dann ist das ein Zeichen, dass ich alles Negative verdränge. Ich möchte mich dem Negativen nicht stellen. Es gibt immer beides: das Gute und das Böse, das Positive und das Negative. Sie dürfen Ihrem Gefühl durchaus trauen, dass solche Sätze wie „Alles wird gut" zu billig sind und uns etwas einreden wollen, was so nicht stimmt. Auf der anderen Seite hat Ihre

> Wenn ich alles positiv sehen muss, dann ist das ein Zeichen, dass ich alles Negative *verdränge*.

Mutter durchaus recht, wenn sie meint, der Glaube an das Positive habe mit dem Glauben an Gott zu tun. Das Vertrauen auf Gott lässt mich mein Leben in einem positiveren Licht sehen. Allerdings bedeutet das Vertrauen auf Gott nicht, dass mir nie etwas Negatives passieren, dass ich nie krank werden oder scheitern könnte. Das Vertrauen auf Gott setzt tiefer an. Ich bin in allen Situationen von Gott getragen. Auch wenn ich krank werde, auch wenn ich beruflich scheitere, falle ich nicht aus Gottes guten Händen heraus. Diese positive Sicht gehört zum Glauben. Genauso wie Sie die „Kraft des Positiven" kritisch sehen, sollten Sie daher auch Ihren Pessimismus kritisch hinterfragen. Drückt mein Pessimismus aus, dass ich mich selbst negativ sehe? Warum sehe ich mich so? Es gibt einfach verschiedene Typen von Menschen. Wenn Sie von Haus aus pessimistischer sind, sollen Sie das nicht einfach ablegen. Aber Sie sollten durchaus daran arbeiten, ob Sie wirklich alles so pessimistisch sehen müssen. Ich würde nicht sagen: „Ich muss es positiv sehen." Ich würde mich vielmehr fragen: „Kann ich es nicht auch anders sehen?" Oder Sie können sich fragen: „Wenn der Psalmvers stimmt `Der Herr ist mein Hirt. Nichts wird mir fehlen´, wie geht es mir dann?" Sie zwingen sich dann nicht, alles positiv zu sehen. Aber Sie probieren einmal eine andere Sichtweise aus. Und die könnte Ihnen helfen, die Welt mit anderen Augen anzuschauen. Sie setzen dann keine rosarote Brille auf, sondern sehen die Welt realistisch. Aber Sie sehen hinter allem doch einen tieferen Grund. Sie sehen hinter den Dingen Gott selbst, der diese Welt in seinen Händen trägt. Das verhindert das Negative nicht, aber es nimmt ihm die letzte Macht.

Mein Tag ist randvoll gefüllt mit Arbeit. Trotzdem habe ich immer öfter das Gefühl, dass mir etwas fehlt, was diesem Alltag Halt gibt. Wie könnte ich einüben, dass sich dieser Alltag auch auf Dauer verändert?

Wie müssten Exerzitien im Alltag einer berufstätigen Mutter aussehen?

Trauen Sie dem Gefühl, dass Ihnen etwas fehlt. Und dann horchen Sie in sich hinein, *was* Ihnen fehlt, wonach Sie sich sehnen. Was könnte Ihrem Alltag Halt geben? Ich vermute, dass es das Wissen ist, in allem, was Sie tun, von Gott getragen zu sein und unter seinem Segen zu stehen. Die Frage ist, wie Sie das in Ihrem Alltag erfahren können, dass Gottes heilende und liebende Nähe Sie umgibt und dass seine segnende Hand Sie überall hin begleitet. Ein guter Weg, auch mitten im Alltag Gottes Nähe zu erfahren, wären gute Rituale. Vielleicht denken Sie, dass Sie keine Zeit für Rituale haben. Doch es gibt zwei Formen von Ritualen. Die eine Form ist, dass ich mir bewusst Zeit nehme für die Meditation, für das Gebet, für das Lesen der Bibel. Es kann sein, dass Sie dafür keine Zeit haben. Die andere Form eines Rituals besteht darin, das, was ich sowieso tue, in einer ganz bestimmten Weise zu tun. Sie stehen jeden Morgen auf und waschen sich und machen Frühstück.

In gesegneten Räumen werden Sie sich auch selbst als gesegnet erleben.

Die Frage ist, wie Sie das tun. Rituale schaffen eine heilige Zeit. Eine Mutter von kleinen Kindern nimmt die fünf Minuten, die sie allein im Bad ist, als heilige Zeit. Die heilige Zeit gehört ihr. Heilig ist das, was der Welt entzogen ist, worüber die Welt keine Macht hat. Da können Sie aufatmen. Sie können diese heilige Zeit so gestalten, dass Sie für zwei Minuten Ihre Hände zum Segen erheben und Ihre Familie segnen. Lassen Sie den Segen zu Ihrem Mann, zu Ihren Kindern, in die Räume Ihrer Wohnung und in Ihre Arbeit hinein strömen. Dann werden Sie den Tag anders erleben. Am Abend schließen Sie die Tür Ihres Herzens, indem sie die Arme über der Brust kreuzen. Stellen Sie sich vor, dass da in Ihnen ein heiliger Raum ist, zu dem niemand Zutritt hat. Genießen Sie es, ganz bei sich zu sein. Und stellen Sie sich vor, dass Gott selbst in Ihnen wohnt. Solche kurzen Rituale verwandeln alles, was Sie tun. Sie tun es in einer anderen Haltung. Dass Sie zwischendrin ganz in der Arbeit aufgehen, macht nichts. Aber Sie haben jeden Tag eine kurze heilige Zeit, die Ihnen gehört, in der Sie mit sich und mit Gott in Berührung kommen. Das wird Sie davor bewahren, sich selbst zu verlieren. Und Sie spüren, dass Sie, Ihre Kinder und alle Menschen, die Ihnen am Herzen liegen, von Gottes Segen begleitet sind. Und Sie können sich immer wieder daran erinnern, dass Sie in gesegneten Räumen leben. Ihr Wohnzimmer ist nicht mehr vom gestrigen Konflikt und von den Missverständnissen erfüllt, sondern vom Segen Gottes. In gesegneten Räumen werden Sie sich auch selbst als gesegnet erleben.

Ich sehe und spüre täglich, dass die Welt im Argen liegt – von der Klimakatastrophe angefangen bis zum Hunger in der Welt und zur Arbeitslosigkeit im eigenen Land – und denke, dass man nur durch aktives Tun etwas ändern kann. Wenn wir die Schöpfung bewahren und unseren Kindern eine lebenswerte Welt hinterlassen wollen, dann geht das. Das, was viele als „spirituellen Weg" gehen, ist für mich eine Flucht vor der Welt und den Aufgaben, anderen Menschen in ihrer konkreten Not zu helfen. Ich leide unter dieser Passivität, die sich geistlich und religiös verbrämt.

Wie kann man spirituell interessierte Leute motivieren, etwas Sinnvolles zu TUN?

Es gibt sicher eine Form der Spiritualität, die eine Flucht vor der Welt und der Verantwortung für die Welt ist. Sie kreist nur um die eigene Erfahrung, um das eigene Sich-Wohlfühlen. Sie ist letztlich narzisstisch und unfruchtbar für die Welt. Sie hat keine Auswirkung auf die Welt. Christliche Spiritualität ist immer auch Weltverantwortung. Die frühen Mönche sind zwar aus der Welt ausgezogen. Aber sie haben Verantwortung für sie übernommen. Sie wollten die Welt durch ihren spirituellen Weg heller und heiler machen. Das geschah auch. Denn zu ihnen kamen die Leute aus der

> Wer immer nur um das Sich-Wohlfühlen kreist, wird sich *letztlich* sehr selten wohl fühlen.

ganzen damaligen Welt, um Hilfe und Rat zu suchen und um Licht in ihr Leben zu bringen.

Wir können nur die eigene Verantwortung für die Welt wahrnehmen. Wir sollen die, die ihren spirituellen Weg als Fluchtweg gehen, nicht anklagen. Denn sie folgen einer Sehnsucht, die tief im menschlichen Herzen verankert ist: der Sehnsucht nach der Erfahrung Gottes. Aber es ist unsere Aufgabe, das Wesen der Spiritualität richtig zu beschreiben und sie authentisch zu leben. Was wir über die Spiritualität sagen und schreiben, hat Auswirkungen. Christliche Spiritualität meint immer die beiden Pole: Gebet und Arbeit, Mystik und Politik, Kampf und Kontemplation. Wenn wir die Sehnsucht der Menschen nach spiritueller Erfahrung mit ihrer Verantwortung für diese Welt verbinden, dann verurteilen wir niemanden, sondern führen sie zum wahren Leben. Denn das Kreisen um sich selbst macht letztlich nicht glücklich. Es führt auch spirituell in eine Sackgasse. Denn wer immer nur um das Sich-Wohlfühlen kreist, wird sich letztlich sehr selten wohl fühlen. Wenn jedoch seine Liebe hineinfließt in die Beziehungen und in diese Welt, wenn er aktiv diese Welt gestaltet, dann wird er immer wieder dankbar spüren, dass es sich lohnt, sich für die Menschen und für die Welt einzusetzen.

Ich finde in unserer Gemeinde keine Heimat mehr. Ich sehe, dass Kirche verwaltet wird, dabei aber immer mehr verfällt. In meiner ländlichen Gemeinde ist jetzt ein indischer Priester eingesetzt, der die Messe liest und dann wieder in sein Kloster abreist. Man kann nicht mit ihm reden, weil er nicht einmal unsere Sprache richtig spricht oder versteht.

Was kann ich tun, um Kirche wieder als Heimat zu erfahren?

Die schmerzliche Erfahrung der kirchlichen Heimatlosigkeit machen heute leider viele Christen. Sie sollen diese Erfahrung in der Kirche zur Sprache bringen, indem Sie an das Ordinariat und an den Bischof schreiben. Die Kirche soll zumindest wissen, was sie vielen Gläubigen antut, wenn sie nicht genügend für die Gemeinden tut. Aber Sie sollen nicht nur auf das Tun von oben warten, sondern selbst auf die Situation reagieren. Es gibt zwei Wege, darauf zu antworten. Der erste Weg wäre, sich eine andere Gemeinde zu suchen, in die Sie in den Gottesdienst gehen, in der Sie sich angesprochen fühlen und für die Sie sich engagieren. Das kann eine Nachbargemeinde sein oder ein Kloster, in dem Sie Ihre spirituelle Heimat finden. Wenn Sie sich dort daheim fühlen, können Sie auch mal einen Gottesdienst mitfeiern, der nach au-

> Wenn Sie in sich den Raum entdecken, in dem Gott, das Geheimnis, in Ihnen wohnt, dann können Sie auch *bei sich daheim* sein.

ßen hin nicht sehr ansprechend ist. Der andere Weg bestünde darin, dass Sie in Ihrer Gemeinde nach Gleichgesinnten suchen und mit ihnen etwas Lebendiges aufbauen, eine Meditationsgruppe, einen Bibelkreis oder einen Hauskreis gründen. Miteinander können Sie dann überlegen, wie Sie auch die Gottesdienste mitgestalten, so dass es der Gottesdienst der Gemeinde wird. Wenn keiner dieser beiden Wege für Sie gangbar ist, dann wäre es wichtig, einen inneren spirituellen Weg zu gehen. Den kann Ihnen niemand nehmen. Wenn Sie in sich den Raum entdecken, in dem Gott, das Geheimnis, in Ihnen wohnt, dann können Sie auch bei sich daheim sein. Und wenn Sie in sich und in Gott Heimat finden, gelingt es manchmal auch, die Heimat in einer Gemeinde zu erleben, die von sich aus nicht so lebendig ist.

Ich habe nach manchen Enttäuschungen als Frau eine Lebenspartnerin gefunden, mit der ich glücklich bin. Wir sind beide christlich sozialisiert, haben aber in der katholischen Gemeinde keine Möglichkeit, meinen Glauben in der Gemeinschaft zu leben. Wir stoßen auf Anfeindung und Misstrauen.

Was sollen wir bei solcher Ablehnung tun?

Sind Sie dankbar für das Glück, das Sie mit Ihrer Lebenspartnerin erleben. Unterstützen Sie sich gegenseitig auf Ihrem spirituellen Weg. Lesen Sie gemeinsam in der Bibel, meditieren Sie miteinander und gehen Sie die spirituellen Wege, die Ihnen gemäß sind. Suchen Sie sich katholische Gemeinden, die Sie nicht ablehnen. In einer Stadt werden Sie sicher solche Gemeinden finden. Wenn nicht, dann schließen Sie sich an ein Kloster an, in dem Sie keine Ablehnung erfahren. Versuchen Sie dort Heimat zu finden. Sie wissen, dass Sie dort immer wieder eintauchen können, um den Glauben auch in einer größeren Gemeinschaft zu erleben, die Sie trägt. Sie können sich gegenseitig stützen. Aber es tut auch gut, sich von einer Gemeinschaft getragen zu wissen. Nehmen Sie die Ablehnung, die Sie in manchen kirchlichen Kreisen erleben, nicht persönlich. Ihr gemeinsames Leben verunsichert viele und erinnert sie an ihre eigene zwiespältige Beziehung zur Sexualität. Sie sollen nicht über

Trauen Sie dem eigenen Gefühl und Gewissen und leben Sie im Vertrauen *auf Gott Ihre Partnerschaft.*

andere urteilen, sondern wahrnehmen, dass sich manche mit Ihrem Lebenskonzept schwer tun. Trauen Sie dem eigenen Gefühl und Gewissen und leben Sie im Vertrauen auf Gott Ihre Partnerschaft.

Ich lese in vielen Büchern und höre es zwischendurch auch von überzeugten Christen: dass es wichtig ist, eine ganz persönliche Beziehung zu Jesus aufzubauen. Es will mir einfach nicht gelingen. Er ist für mich zu weit weg von dem, was mich im Alltag umtreibt und plagt. Was müsste ich tun?

Sich auf Gott einlassen – wie macht man das ganz praktisch?

Eine persönliche Beziehung zu Jesus Christus aufzubauen, ist sicher das Ziel des christlichen Weges. Aber einem, der diese Beziehung nicht spürt, zu sagen, er solle sie aufbauen, hilft nicht weiter. Es gibt viele Wege, zum Glauben zu kommen. Ein Weg ist: Schauen Sie sich Ihren Alltag an. Ist das, was Sie erleben, was Sie arbeiten, was Sie an Beziehungen haben, das, was Ihre Sehnsucht im Tiefsten erfüllt? Oder gibt es da nicht noch eine andere Sehnsucht, die Sehnsucht nach Erfahrung Gottes, die Sehnsucht nach einer Erfahrung von Liebe, die nicht versiegt, weil sie göttlich ist? Wenn Sie diese Sehnsucht in sich spüren, lesen Sie einmal in den Evangelien. Wie geht es Ihnen, wenn Sie die Worte Jesu lesen oder wenn Sie sich in die Heilungsgeschichten hineinmeditieren? Geht das an Ihnen vorbei? Oder berührt Sie dieser Jesus, wie er auf die Menschen zugeht, wie er sie berührt und aufrichtet, ohne jemanden zu verurteilen? Wenn Sie

Setzen Sie sich nicht unter Druck. Man kann diese Beziehung nicht immer fühlen. Sind Sie dankbar, wenn Sie ein Wort Jesu berührt.

die Evangelien nicht verstehen, suchen Sie sich Hilfen, entweder einen Kurs oder Bücher, die die Evangelien auf verständliche Weise auslegen.

Ein anderer Weg, mitten im Alltag für Gott offen zu sein, sind die Rituale. Beginnen Sie den Tag mit einer stillen Zeit, in der Sie sich unter Gottes Segen stellen. Sie können eine Gebärde des Segens machen und den Segen Gottes in die Räume Ihrer Wohnung und Ihrer Arbeit strömen lassen und zu den Menschen hin, die Ihnen am Herzen liegen. Und schließen Sie den Abend mit einer Gebärde, indem Sie Gott Ihre Hände in Form einer Schale hinhalten und den Tag Ihm übergeben. Wenn Sie am Morgen und Abend für einen kurzen Augenblick mit Gott verbunden sind, wenn Ihr Tag sich so öffnet, dann wird sich langsam eine Beziehung zu Gott oder zu Jesus Christus entfalten. Aber setzen Sie sich nicht unter Druck. Man kann diese Beziehung nicht immer fühlen. Sind Sie dankbar, wenn Sie ein Wort Jesu berührt. Schauen Sie sich eine Christusikone an. Vielleicht spüren Sie dann, dass der Blick Jesu Sie berührt. Und bitten Sie Jesus, dass Sie seine Nähe spüren und dass Sie aus seiner Nähe leben können.

Ich komme immer wieder in Konflikt mit meinem Mann, der sich als Christ bezeichnet, aber in Jesus nur einen großen Menschen sieht, der heute in völligem Gegensatz zur Amtskirche stünde. Wenn wir uns darüber unterhalten, gibt es immer Streit. Und auch wenn wir das Thema vermeiden, steht es zwischen uns. Wir können in diesen für mich so wichtigen Fragen nicht zu einer Gemeinsamkeit kommen. Das macht mich traurig und ich fühle, wie es uns voneinander entfernt. Er lehnt das ab, was mir wichtig ist. Wie soll ich mich richtig verhalten?

Was würde Jesus an meiner Stelle tun?

Es hat wenig Sinn, über dogmatische Aussagen zu streiten. Denn mit jeder Aussage verbinden wir etwas Persönliches. Die Frage ist also, warum Ihr Mann es nötig hat, in Jesus nur einen großen Menschen zu sehen. Möchte er ihn auf sein eigenes Niveau herunterziehen? Kann er es nicht aushalten, dass in einem Menschen Gott selbst sich ausdrückt? Natürlich genügt es nicht, ihn zu drängen, er solle daran glauben, dass Jesus Gottes Sohn ist. Denn was verstehen wir denn darunter: Jesus ist Gottes Sohn? Natürlich entspricht die Amtskirche nicht in allem der Botschaft Jesu. Das war schon zu Zeiten Jesu so. Der hatte ja in seiner Jüngergemeinde auch Männer, die ihn nicht ganz verstanden haben. Es ist ein ständiges Ringen der Kirche, dem Anspruch Jesu gerecht zu werden. Die Kirche besteht aus Menschen. Und auch in der Kirche menschelt es. Aber ich würde es ihr nicht absprechen, dass sie nicht darum ringt, Jesus nachzufolgen, seiner Botschaft zu entsprechen und dem Geheimnis seiner Person gerecht zu werden. Ich bin immer skeptisch, wenn jemand sagt: „Jesus ist nichts als ein Mensch." Wenn wir Jesus betrachten, kommen wir auf jeden Fall nie zu Ende. Er lässt sich nicht so einfach vereinnahmen. Ihr Mann muss nicht glauben, dass Jesus Gottes Sohn ist. Aber es wäre wichtig, dass er sich seinem Anspruch stellt, statt ihn zu vereinnahmen. Ich würde also weder um die dogmatische Aussage streiten noch darüber, was die Kirche alles verkehrt macht, sondern darüber, wie wir unseren Glauben leben wollen und worauf wir unsere Hoffnung gründen. Was trägt mich? Was bedeutet mir persönlich dieser Jesus? Wie verstehe ich seine Worte? Wenn Ihr Mann Jesus als einen bedeutenden Menschen sieht, dann wäre es ja auch sinnvoll, wenn Sie gemeinsam das Evangelium lesen und sich mit Jesus auseinandersetzen. Sie müssen da nicht die gleiche Sicht haben. Hören Sie aufeinander, wie jeder Jesus sieht. Dann wird Ihnen gemeinsam etwas von seinem Reichtum und von seinem Geheimnis deutlich werden. Sie werden Jesus als Lehrer der Weisheit erfahren, der die Weisheit von Ost und West in sich verbindet. Aber Sie werden in diesem Jesus und seinen Worten auch etwas erahnen, was sich rein psychologisch nicht erklären lässt. Und das, was sich nicht erklären lässt, das deuten Sie so, dass in diesem Jesus Gott selbst sich mitteilt, Gott selbst zu uns kam, um uns mit göttlichem Leben zu erfüllen. Die Frohe Botschaft des Christentums besteht ja gerade darin, dass Gott sich aufgemacht hat, zu uns herabzusteigen. Das ist eine beglückende Botschaft. Aber bei allen dogmatischen Aussagen müssen wir immer wieder bekennen, dass Gott jenseits aller unserer Begriffe ist und dass wir im letzten nicht wirklich verstehen können, was die Gottessohnschaft Jesu bedeutet. Die dogmatischen Aussagen dienen dazu, das Geheimnis stehen zu lassen. Und das ist für mich das Wesen jeder religiösen Aussagen, dass wir offen werden für das Geheimnis, das größer ist als unser Verstehen.

> Das ist für mich das Wesen jeder religiösen Aussage, dass wir offen werden für das *Geheimnis*, das größer ist als unser Verstehen.

Mein verstorbener Mann und ich hatten immer ein gutes Verhältnis zu unserem Enkel. Ich versuche, anders als seine Eltern, mit ihm auch über Gott zu reden. Letzthin sagte er zu mir: „Ich brauche den lieben Gott nicht, ich hab ja den Opa im Himmel." Die Antwort hat mich gefreut, aber auch etwas verunsichert. Das ist ja nicht das Gottesbild, das ich ihm vermitteln wollte.

Wie redet man mit Kindern richtig über Gott?

Kinder haben oft ihre eigenen Vorstellungen von Gott und vom Himmel und vom Leben nach dem Tod. Ich würde so eine Aussage als Anlass nehmen, mit ihm darüber zu sprechen. Ich würde die Aussage erst einmal bestätigen: „Ja, du hast deinen Opa im Himmel. Der begleitet dich vom Himmel er. Er ist bei dir. Er kann dir helfen, weil er bei Gott ist. Er bittet Gott für dich, damit dein Leben gelingt. Dein Opa möchte sicher nicht, dass du ihn für Gott hältst. Er ist bei Gott und tritt bei Gott für dich ein und sorgt für dich. Aber dein Opa ist in Gott glücklich. Er möchte auch, dass du dich für Gott öffnest. Gott hat deinem Opa das Leben im Himmel geschenkt." Sprechen Sie mit Ihrem Enkel auf Ihre persönliche Weise. Und hören Sie immer auch, was er meint und wie er sich alles vorstellt. Reden Sie ihm das nicht aus, aber korrigieren Sie es in eine Richtung, die für Sie stimmt und die Ihr Enkel annehmen kann. Wenn Sie sich im Gespräch mit Ihrem Enkel überfordert fühlen, schauen Sie, ob Sie in der Buchhandlung ein gutes Buch finden, wie wir mit Kindern über Gott reden können. Bücher können Sie anregen. Aber letztlich müssen Sie Ihrem Herzen trauen, wenn Sie mit Ihrem Enkel sprechen. Versuchen Sie, Ihren Enkel zu verstehen. Aber versuchen Sie auch, Ihren Glauben dem Enkel in einer Sprache zu vermitteln, die er versteht.

> Trauen Sie ihrem *Herzen*, wenn Sie mit ihrem Enkel sprechen.

Als meine Mutter – einige Jahre nach meinem Vater – starb, fragte sie mich auf dem Sterbebett, ob wir uns alle im Himmel wiedersehen würden. Ich habe sie darin bestätigt, obwohl ich natürlich wusste, dass es schwierig ist, darüber eine Aussage zu treffen. Wie kann man darüber reden?

Wie darf man sich das Jenseits vorstellen?

Sie haben Ihrer Mutter die richtige Antwort gegeben. Sie werden einander wiedersehen. Aber natürlich müssen wir uns fragen, wie wir uns das vorstellen sollen. Es wird sicher kein Klassentreffen sein, bei dem man sich nach langen Jahren wieder trifft und miteinander redet. Es wird aber auch kein gemeinsames Aufgehen von Wassertropfen im Meer sein. Als Christen glauben wir an die Auferstehung. Wir werden mit Leib und Seele zu Gott kommen. Leib und Seele, das meint: wir als Person mit dieser konkreten Geschichte, wir als diese einmalige und unverkennbare Person werden zu Gott kommen. Und als solche werden wir in Gott miteinander eins werden. Wir werden einander sehen. Wir werden nicht aus der Liebe herausfallen, weder aus der Liebe Gottes noch aus der Liebe zu den Menschen, die wir hier geliebt haben. Gabriel Marcel, ein französischer Philosoph, sagt einmal: „Lieben, das heißt zum anderen sagen: Du, du wirst nicht sterben." Die Nahtodeserlebnisse vieler Menschen erzählen oft davon, dass sie von ihren verstorbenen Verwandten abgeholt werden. Das ist natürlich noch kein Beweis dafür, dass wir uns wiedersehen werden. Aber wir dürfen es als Bestärkung unseres Glaubens nehmen. Wenn Sie die Briefe von Widerstandskämpfern im Dritten Reich lesen, die sie vor ihrer Hinrichtung an ihre Frauen geschrieben haben, so werden Sie da immer auf die sichere Hoffnung stoßen: „Wir werden uns wiedersehen." Sie vertrauten darauf, dass die Henker ihnen zwar das Leben rauben können, aber über ihre Liebe keine Macht haben. Vertrauen Sie also darauf, dass Sie sich wiedersehen werden. Verzichten Sie aber zugleich auch darauf, sich das zu konkret vorzustellen. Sie werden sich wiedersehen, aber die Art und Weise, wie das geschehen wird, entzieht sich letztlich unserer Vorstellungskraft. Es bleibt ein Geheimnis.

> Wir werden nicht aus der *Liebe* herausfallen, weder aus der Liebe Gottes noch aus der Liebe zu den Menschen, die wir hier geliebt haben.

Theologen sagen: Gott ist überall, auch in uns. Damit habe ich meine Schwierigkeiten.

Wenn Gott auch in mir ist, warum kann ich ihn nicht spüren?

Wir können die Erfahrung Gottes nicht erzwingen. Sie ist immer ein Geschenk. Gott zeigt sich uns. Aber es gibt Hilfen, damit wir offen sind für die Erfahrung Gottes. Der erste Schritt: Fragen Sie sich, ob Sie sich selber spüren. Wenn ich mich selbst nicht spüre, werde ich auch Gott nicht spüren. Wenn Sie sich selbst spüren, ist das noch keine Gotteserfahrung. Aber es öffnet Sie dafür. Stellen Sie sich vor, dass Sie vor Gott sind, von Gottes Liebe umgeben sind. Vielleicht fühlen Sie sich dann geborgen. Das ist dann eine Weise der Gotteserfahrung. Dann stellen Sie sich vor: Ich gehe nach innen, spüre mich in meine Gedanken und Gefühle hinein. Aber ich bleibe nicht dabei stehen. Ich gehe immer tiefer in mich hinein, durch alle Gedanken und Gefühle, durch das Bewusste und Unbewusste hindurch auf den Grund meiner Seele. Worauf stoße ich, wenn ich tief in mich hineingelange? Stoße ich da nur auf meine eigenen Emotionen? Oder ist da nicht in mir ein Geheimnis, das mich übersteigt? Ist da nicht auf dem Grund meiner Seele etwas, das sich meinem Zugriff entzieht? Dann kann ich erahnen, dass Gott auf dem Grund meiner Seele in mir wohnt.

Doch dieser Gott, der in mir ist, ist unverfügbar. Er gehört nicht mir. Er ist das Geheimnis, das sich meinem Zugriff entzieht, das sich in mir immer auch verbirgt. Doch

> Werden Sie *still*.
> Ergeben sich in
> diese Stille und ahnen,
> dass es Gott selbst ist,
> in dem Sie still werden.

vielleicht entsteht dann in Ihnen die Ahnung, dass Sie selbst ein Geheimnis sind. Wenn Sie tief in sich hineinhorchen, dann werden Sie auch Ihr Selbst nicht mehr beschreiben können. Sie können die Frage, wer Sie sind, nicht mehr beantworten. Sie mündet im Geheimnis. Genauso wenig können Sie die Frage nach Gott klar beantworten. Doch Sie ahnen das Geheimnis Gottes auf dem Grund Ihrer Seele. Dann werden Sie still. Sie ergeben sich in diese Stille und ahnen, dass es Gott selbst ist, in dem Sie still werden.

Ein anderer Weg, Gott zu spüren, wäre der über die Natur. Schauen Sie die Schönheit der Schöpfung an. Was sehen Sie da? Sind es nur die Blumen und Wälder und Felder? Oder sehen Sie in all der Schönheit nicht etwas von der Schönheit Gottes, die Sie umgibt. Und was spüren Sie, wenn die Sonne Sie bescheint? Sind es nur die Sonnenstrahlen oder ist es nicht die Liebe Gottes, die Sie durch die Sonne erreicht? Vielleicht ist auch die Musik ein Weg für Sie, Gott zu spüren. Hören Sie sich eine Bachkantate oder eine Mozartmesse an. Vielleicht öffnet Sie die Musik für das Geheimnis Gottes, der in dieser wunderbaren Musik hörbar wird und unser Herz öffnet für das unhörbare und unaussprechliche Geheimnis.

Ich merke plötzlich, dass mir die Religion über all dem, was mein Leben erfüllt, in den letzten Jahren immer unwichtiger wurde, dass ich fast verlernt habe, was sie mir einmal bedeutet hat. Ich habe aber auch immer wieder das Gefühl, dass mir etwas fehlt.

Wie kann ich das, was Religion zutiefst ausmacht, wiederentdecken?

Wenn Ihnen die Religion abhandengekommen ist, dann hat das sicher einen Sinn. Vielleicht hatten Sie ein zu einfaches Verständnis von Religion oder aber ein zu oberflächliches. Das ist Ihnen verloren gegangen. Der Verlust möchte Ihnen sagen, sich neu zu fragen, was Religion für Sie bedeutet. Sie spüren ja die Sehnsucht nach Religion. In der Sehnsucht nach Religion ist schon etwas von Religion. Fragen Sie sich also: Wonach sehne ich mich eigentlich? Und dann gehen Sie dieser Sehnsucht nach. Sie wird Sie zu Gott führen.

Ein anderer Weg wäre, nochmals genauer anzuschauen, was Religion für Sie in der Kindheit bedeutet hat. Was haben Sie erlebt, als Sie mit Ihren Eltern in die Kirche gingen, als Ihre Eltern mit Ihnen beteten? Welche Vorstellungen von Gott hatten Sie als Kind? Hat Religion etwas für Sie bedeutet? Was hat sie für Ihre Eltern bedeutet? Fragen Sie sich nach den Erfahrungen, die Sie und Ihre Familie mit der Religion gemacht haben. Vielleicht kommen Sie dann wieder mit den Wurzeln Ihres Glaubens in Berührung.

> Fragen Sie sich: Wonach sehne ich mich eigentlich? Und gehen Sie dieser *Sehnsucht* nach.

Ein anderer Weg: Lesen Sie Bibel oder lesen Sie ein paar religiöse Bücher. Lesen Sie ganz langsam und fragen Sie sich: Verstehe ich das? Oder berührt mich dieses Wort? Und was löst es in mir aus? Trauen Sie dann Ihrem Gefühl. Oder gehen Sie in den Gottesdienst. Sie können es durchaus als Zuschauer tun, der von außen beobachtet, was da geschieht. Und dann fragen Sie sich, was Sie berührt.

Wieder ein anderer Weg: Stellen Sie sich vor, dass die Worte der Bibel, dass dieser Gottesdienst, dass diese Rituale stimmen. Und dann experimentieren Sie damit. Wenn das Wort von Psalm 23 stimmt „Der Herr ist mein Hirt, nichts wird mir fehlen", wie geht es mir dann? Ändert sich dann mein Leben? Gehe ich dann anders in den Tag?

Bleiben Sie weiter auf der Suche und trauen Sie Ihrer Sehnsucht. In Ihrer Sehnsucht ist schon Religion. Sie werden Gott finden und Sie werden einen Weg finden, auf dem Ihnen das Geheimnis der Religion, auf dem Ihnen das Geheimnis Gottes und das Geheimnis Ihres eigenen Lebens aufgehen wird.

Meine Freundin war kürzlich auf einem Engelkongress. Die Referenten haben von direkten Kontakten und heilenden Begegnungen mit Engeln berichtet, die ihnen ganz konkrete Ratschläge für ihr Leben geben.

Greifen Engel wirklich in unser Leben ein?

Ihre Freundin scheint auf einem esoterischen Engelkongress gewesen zu sein. In der Esoterik glaubt man, man könne über die Engel verfügen. Als Christen glauben wir auch an die Engel, die uns begleiten und schützen. Doch die Engel sind Boten Gottes. Gott schickt sie uns. Wir dürfen die Engel darum bitten, dass sie uns begleiten. Aber wir haben keine Macht über die Engel. Wir können sie nicht nach Belieben anrufen, um ihre Hilfe zu beanspruchen. Manchmal hilft auch die nüchterne Dogmatik der theologischen Tradition, die von den Engeln sagt, dass sie geschaffene geistige Wesen und personale Mächte seien. Als geschaffene Wesen sind sie erfahrbar. Sie können sich zeigen in einem inneren Impuls, in einem anderen Menschen, der im rechten Augenblick für uns zum Engel wird, aber auch in einer Lichterfahrung oder einer Engelerscheinung. Sie sind personale Mächte, aber keine einzeln festmachbaren Personen. Sie schützen unser Personsein, damit wir nicht auseinanderfallen. Jesus sagt in der Bibel, dass die Engel uns begleiten und dass sie zugleich Gottes Angesicht schauen. (Mt 18,10) Aus diesem Wort Jesu haben die Kirchenväter die Lehre vom Schutzengel entwickelt. Jeder Mensch

> Über *Engel* kann man nur schwebend sprechen.
> Engel sind getreue *Begleiter* auf unserem Weg.
> Aber sie sind zugleich unverfügbar.

– so sagen sie – bekommt bei seiner Geburt einen Engel zur Seite, der ihn begleitet, auch über alle Irrwege und Umwege, und der ihn im Sterben über die Schwelle des Todes in Gottes gute Hände hinein trägt. Engel zeigen uns die heilende Nähe Gottes. Und Engel bringen uns in Berührung mit dem Potential, das in unserer Seele liegt. Aber wir können, wie gesagt, über die Engel nicht verfügen. Sie sind eine Wirklichkeit, über die wir nur in Bildern sprechen können. Die Künstler haben nicht umsonst die Engel mit Flügeln dargestellt. Engel beflügeln uns, sie schenken unserer Seele Leichtigkeit. Aber das Bild der Flügel will uns auch sagen: Wenn wir zu genau wissen wollen, was die Engel sind, wie sie ausschauen und was sie uns ganz konkret und genau sagen, dann fliegen sie weg. Über Engel kann man nur schwebend sprechen. Engel sind getreue Begleiter auf unserem Weg. Aber sie sind zugleich unverfügbar.

Mir haben sich vor allem strenge Jesusbilder eingeprägt: Jesus, der die Händler aus dem Tempel wirft. Der die Trennung von den Eltern fordert. Der das Schwert gebracht hat. Der am Kreuz Gefolterte.

Kann man sich Jesus auch als heiteren, lachenden Menschen vorstellen?

Dass er ein Mensch mit einem fröhlichen und offenen Herzen war, das sehen wir aus den Erzählungen der Evangelien ganz deutlich. Jesus hat die Schönheit der Schöpfung wahrgenommen und konnte wunderbare Gleichnisse erzählen. Er konnte die Menschen offensichtlich fesseln mit seinen Erzählungen. Er hat sie geheilt und aufgerichtet. Er hat ihnen vermittelt, dass sie bedingungslos angenommen sind. Er hat denen, die sich schuldig fühlten, Gottes Barmherzigkeit erwiesen und mit ihnen Gemeinschaft gepflegt, hat mit ihnen gegessen und getrunken. Bei diesen Gastmählern ging es sicher nicht nur ernst zu. Da war Leichtigkeit und Fröhlichkeit. Und Jesus – so sagt es uns das Johannesevangelium – hat uns bis zur Vollendung geliebt. Es war eine echte und tiefe Freundesliebe. Er selbst sagt uns: „Es gibt keine größere Liebe, als wenn einer sein Leben für seine Freunde hingibt." (Joh 15,13)

Sicher ist jedes Jesusbild immer auch zeitbedingt. Sie haben strenge Jesusbilder mitbekommen, weil da-

> „Dies habe ich euch gesagt,
> damit meine *Freude*
> in euch ist und damit
> eure Freude angefüllt wird."
> (Joh 15,11)

mals, in Ihrer Kindheit, die Frömmigkeit oft lebensverneinend und asketisch bestimmt war. Oft genug war sie auch von der Haltung geprägt, dass der Mensch schlecht sei. Jesus hat den Menschen, die ihm begegnet sind, etwas Entscheidendes vermittelt: dass Gott ihn liebt, dass er einen göttlichen Kern in sich trägt, eine unantastbare Würde. Jesus hat sicher auch strenge Worte gesagt. Aber mit ihnen wollte er uns nicht Angst machen, sondern uns die Augen öffnen, damit wir uns nicht einfach von den Illusionen einlullen lassen, die wir uns über unser Leben gemacht haben. Aber Jesus will mit seinen Worten immer in uns Leben wecken. Er sagt von sich: „Ich bin gekommen, dass sie das Leben haben und es in Fülle haben." (Joh 10,10) Zu diesem Leben in Fülle gehört sicher auch Leichtigkeit und Freiheit, Humor und Lachen. Aber wie jeder Einzelne dieses Leben in Fülle erlebt, das hängt auch von seiner inneren Struktur ab. Und wir sollten uns im Übrigen auch davor hüten, zu sagen: Wir müssen alle fröhlich sein. Denn damit würden wir den depressiv veranlagten Menschen ein schlechtes Gewissen vermitteln. Jesus hat mit seinen Worten Freude vermittelt, nicht indem er aufgerufen hat, dass wir uns freuen sollen, sondern indem seine Worte uns mit der Freude in Berührung brachten, die auf dem Grund unserer Seele ist, aber oft genug von Ängsten und Traurigkeit zugeschüttet ist. Jesus sagt von sich: „Dies habe ich euch gesagt, damit meine Freude in euch ist und damit eure Freude angefüllt wird." (Joh 15,11)

So wie sich Kirche derzeit darstellt, ist sie doch eindeutig am Schrumpfen und auf dem Weg in die Bedeutungslosigkeit – für die Gesellschaft und für das Leben der meisten.

Hat Kirche überhaupt Zukunft?

Ich glaube fest daran, dass die Kirche eine Zukunft hat. Natürlich müssen wir uns von der Vorstellung der Volkskirche verabschieden, die alle Menschen erreicht und auch die Gesellschaft in allen Segmenten prägt. Aber wenn die Kirche an ihre eigene Sendung wirklich glaubt und ihr in ihrem Wirken auch gerecht wird, dann hat sie eine Zukunft. Die Kirche hat eine ganz entscheidende Aufgabe: in unserer Welt die Frage nach Gott offen zu halten. Heute ist unsere Gesellschaft ja in Gefahr, sich ganz und gar von der Ökonomisierung bestimmen zulassen. Alles wird nach finanziellen Gesichtspunkten bewertet. Das raubt dem Menschen seinen eigentlichen Wert. Die Kirche hat die Aufgabe, für den Menschen einzutreten. Indem sie den Himmel über dem Menschen öffnet, schafft sie ihm einen Freiraum, so dass er sich nicht von rein wirtschaftlichen Interessen bestimmen lässt. Indem sie Gott in den Mittelpunkt stellt, ermöglicht sie dem Menschen, dass er seine eigene Mitte findet. Die Kirche muss sich neu auf ihre spirituelle Weisheit besinnen und den Menschen einen Ort anbieten, an dem sie ihre spirituelle Suche praktizieren können. Nur wenn sie ihre spirituelle Kompetenz wieder gewinnt, hat sie eine Zukunft.

Eine andere Aufgabe der Kirche ist es, die prophetische Funktion in unserer Gesellschaft wahrzunehmen. Sie soll nicht besserwisserisch in dieser Welt auftreten.

> Die Kirche der *Zukunft* ist Anwalt für die Freiheit und Würde des Menschen, und zugleich der Ort, an dem er mitten in dieser Welt *Heimat* findet.

Aber sie hat die Aufgabe, wie die Propheten im Alten Testament, auf Tendenzen unserer Gesellschaft hinzuweisen, die dem Menschen schaden, und gegen Ungerechtigkeit und Lüge aufzutreten. Diese prophetische Sendung ist nicht immer angenehm. Aber es braucht einen Mahner, der nicht jeden Modetrend mitmacht und der vor allem die lebensbehindernden Tendenzen in unserer Gesellschaft durchschaut und anprangert.

Die Kirche als Institution wird vermutlich kleiner werden. Aber das muss kein Nachteil sein. Es ist sogar eine Chance. Sie kann so authentisch werden und ihre Botschaft vom Reich Gottes in neuer Weise in dieser Welt verkünden. Dort, wo Gott herrscht, wird der Mensch frei. Dort wo Götzen herrschen wie das Geld oder die Macht oder der Erfolg, wird der Mensch zum Sklaven. Die Kirche der Zukunft ist Anwalt für die Freiheit und Würde des Menschen, und zugleich der Ort, an dem er mitten in dieser Welt Heimat findet. Denn daheim sein kann man nur, wo das Geheimnis wohnt. Wo die Kirche ein Raum für dieses Geheimnis Gottes ist, findet der unbehauste Mensch unserer Zeit Heimat und ein Zuhause.

KRANKHEIT UND GESUNDHEIT

Zwei Fragen beschäftigen die Menschen immer wieder: Wie gehe ich mit meiner eigenen Krankheit um, wenn sie mich trifft? Und wie gehe ich mit kranken Menschen um? In den kranken Menschen begegnen wir der eigenen Angst, genauso krank und alt und vielleicht genauso hilflos oder dement zu werden. Es hat aber wenig Sinn, die Krankheit zum Beispiel von der Vergangenheit her zu deuten. Denn da kommt in uns schnell ein Deutungsmuster hoch: „Was habe ich falsch gemacht, dass ich krank geworden bin?" Oder aber: „Warum straft mich Gott mit der Krankheit?" Solche Deutungsmuster helfen nicht weiter. Sie erzeugen in uns nur Schuldgefühle. Und Schuldgefühle martern uns. Statt uns zu helfen, gesund zu werden, machen sie uns noch kränker. Statt in diesem Sinn nach der Ursache der Krankheit zu fragen, ist es besser, wenn wir ihre Herausforderung annehmen und uns fragen, welchen Sinn wir in ihr entdecken oder welchen Sinn wir ihr geben können.

Wenn ich so auf die Krankheit blicke, gibt es eine Alternative: Entweder ich lasse durch die Krankheit meine Vorstellungen von mir, von meinem Leben und von Gott zerbrechen. Oder aber ich halte fest an meinen Vorstellungen. Dann besteht die Gefahr, dass ich selber zerbreche. Die Krankheit zerbricht etwa meine Vorstellung, dass ich mir durch gesunde Ernährung und gesunde Lebensweise meine Gesundheit garantieren könnte. Sie zerbricht meine Vorstellung, die ich von mir selber habe, dass ich immer stark und erfolgreich und gesund und leistungsfähig bin. Und sie zerbricht meine Vorstellung vom Leben: dass ich alles kann, was ich will. Sie lässt meine Phantasie scheitern, dass ich das Leben immer in vollen Zügen genießen kann. Und auch meine Vorstellung von Gott wird zerbrochen: von dem Gott, der mich vor allem Unheil bewahrt und mich auch vor Krankheit und Tod schützt.

Wenn ich mir diese Vorstellungen zerbrechen lasse, dann kann etwas Neues mit mir geschehen. Ich werde aufgebrochen für mein wahres Selbst. Dann entdecke ich, wer ich eigentlich bin. Ich komme in Berührung mit meinem ursprünglichen und unverfälschten Selbst. Ich spüre mich selbst. Und ich werde aufgebrochen für die Menschen in meiner Umgebung. Ich werde sie anders wahrnehmen, sie in ihrer eigenen Krankheit besser verstehen. Und ich werde aufgebrochen für den ganz anderen Gott. Gott ist Liebe. Aber diese Liebe ist oft so ganz anders, als ich mir vorstelle. Sie ist letztlich unbegreiflich.

Wenn ich aber an meiner Vorstellung von mir, von meinem Leben und von Gott festhalte, werde ich zerbrechen. Ich halte fest an meinem Selbstbild, dass ich immer stark und erfolgreich bin. Doch die Krankheit zerbricht dann mit dem Selbstbild, an das ich mich klammere, mich selbst. Ich fühle mich dann wertlos. Ich möchte nicht mehr leben. Ich verstehe mich nicht mehr. Ich kann mich nicht mehr annehmen. Und die Krankheit zerbricht mich selbst, weil alles, was ich mit dem Leben verbinde, nicht mehr möglich ist. Für mich ist ein Leben dann wertlos, wenn ich nicht mehr auf die Berge steigen kann und das gute Essen und den guten Wein nicht mehr genießen darf. Und ich will von Gott nichts mehr wissen, der mich nicht vor der Krankheit bewahrt hat. Doch wenn Gott für mich jahrelang Halt und Grund meines Lebens war, zerbreche ich selbst, wenn ich mich von diesem Gott abwende und mich ihm gegenüber verschließe. Ich verschließe mich dann letztlich vor meiner eigenen Sehnsucht und dem tiefen Wissen meines Selbst, dass ich in Gott bin.

Andere Fragen, die in diesem Zusammenhang immer wieder auftauchen, beziehen sich auf den Umgang mit kranken Menschen. Wir erleben in ihnen oft Seiten, die wir nie gekannt haben, z. B. ihren Wunsch, dass sie nicht mehr leben wollen, dass sie ihrem Leben ein Ende machen wollen. Oder wir begegnen ihrer Schwäche. Sie, zu denen wir immer aufgeschaut, die wir vielleicht bewundert haben, werden plötzlich schwach und hilflos. Das verunsichert uns. Doch manchmal kann gerade der Umgang mit dem kranken Vater und der schwachen Mutter unsere Beziehung zu ihnen verwandeln und vertiefen. Auf einmal verstehen wir sie. Wir söhnen uns aus mit dem Vater, der auf unsere Hilfe angewiesen ist, der sein lautes und forderndes Wesen abgelegt hat und uns nun auf neue Weise begegnet. Wir söhnen uns aus mit der Mutter, die wir in ihrer Krankheit auf neue Weise kennen lernen. Der Umgang mit den kranken Menschen ist immer auch eine Chance für uns, ihnen auf neue Weise zu begegnen und uns vielleicht mit ihnen zu versöhnen, wenn alte Verletzungen vorliegen. Diese Chance sollten wir nützen bei all den Schwierigkeiten, die wir etwa bei der Pflege oder Begleitung der alten Eltern erfahren. Allerdings ist es wichtig, dass wir immer auch die eigenen Grenzen achten. Nur wer gut mit seinen eigenen Grenzen umgeht, kann auf Dauer auch gut mit kranken und hilfsbedürftigen Menschen umgehen.

Mein Vater war sein Lebtag nicht krank. Inzwischen ist er alt und schwächer und auch bettlägerig geworden. Damit kann er überhaupt nicht umgehen. Kürzlich überraschte er mich mit der Bemerkung, dass er sich umbringen werde. Er wolle nicht mehr leben, und ich solle ihm helfen. Er machte sogar den Vorschlag, eine Plastiktüte über seinen Kopf zu stülpen, die ich zuhalten solle. Ich habe zwar versucht, ihm das auszureden und es als Scherz zu nehmen. Aber ich bin natürlich auch zutiefst erschrocken.

Ich bin verunsichert, wie ich mich künftig verhalten soll.

Ihre erste Reaktion, den Vorschlag Ihres Vaters als Scherz zu nehmen, war sicher gut. Das hat die Situation entspannt. In dieser Situation hätte ein tieferes Gespräch wohl kaum einen Sinn gehabt. Aber da Sie verunsichert sind, wäre es doch gut, bei einer guten Gelegenheit noch einmal auf das Thema zurück zu kommen. Ich würde aber nicht darüber diskutieren, sondern ihn fragen, was er sich unter seinem Leben vorstellt und was er sich wünscht, was er braucht, damit er gut leben kann. Wenn er meint, ein bettlägeriges Leben sei nicht lebenswert, dann können Sie ja darüber sprechen, was einen Menschen wertvoll macht. Ist es nur die Leistung und die Gesundheit oder nicht

Auch die Krankheit gehört zu unserem Leben. Und nur wenn wir sie annehmen, reifen wir – vielleicht sogar zum weisen Menschen.

seine Person? Und die Person bleibt, auch wenn man krank und bettlägerig ist. Sicher sollten Sie ihn verstehen, dass es nicht leicht ist, seine Kraft und Gesundheit loszulassen. Es ist schmerzlich, sich von dem zu verabschieden, was zum bisherigen Lebenskonzept gehört hat. Aber auch die Krankheit gehört zu unserem Leben. Und nur wenn wir sie annehmen, reifen wir – vielleicht sogar zum weisen Menschen. Und dann können Sie ihm ja auch Ihre Wünsche an ihn sagen. Sie können ihm sagen, dass Sie stolz sind auf einen Vater, der auch schwach sein kann, der auch durch die Krankheit hindurch geht und etwas ausstrahlt, was allen gut tut. Und Sie können Ihrem Vater sagen, dass Sie sich wünschen, dass er noch lange Segen sein darf für die ganze Familie, nicht durch das, was er leistet, sondern durch das, was er ist.

Vor zwei Monaten wurde ich mit der Diagnose Krebs konfrontiert. Alle machen mir Hoffnung, dass es operabel ist. Auch meine Familie stärkt mich sehr. Meine Tochter ist besonders tapfer. Trotzdem habe ich, vor allem nachts, Panikattacken. Ich habe vor allem Angst, meine Tochter alleinlassen zu müssen.

> *Diese Angst bringt mich schier um.*

Ihre Panikattacken zeigen, dass Sie Ihre Tochter lieben und ihr noch lange eine gute Mutter sein möchten. Sprechen Sie mit Ihrer Angst und halten Sie die Angst Gott hin. Machen Sie sich kein schlechtes Gewissen, dass Sie Angst haben. Die Angst darf sein. Sie hat einen Sinn. Sie will Sie einladen, sich über Ihre Sorgen Gedanken zu machen. Sie können nicht für immer die Sorge für Ihre Tochter übernehmen. Vertrauen Sie darauf, dass Gott seine gute Hand über Ihre Tochter hält. Und dann beten Sie auch darum, dass Gott durch all die Hilfen, die die Ärzte anbieten, den Krebs heilt, so dass Sie noch lange eine gute Mutter sein können. Aber bedenken Sie auch, dass wir nicht Herren sind über unsere Lebenszeit. Wir sind alle in Gottes Hand, in jeder Situation. Wir sollen für unsere Kinder sorgen und zugleich die Sorge loslassen und vertrauen, dass Gott den Kindern soviel Kraft gibt, dass sie auch allein ihren Weg finden werden. Kämpfen Sie nicht

Auch die Krankheit gehört zu unserem Leben. Und nur wenn wir sie annehmen, reifen wir – vielleicht sogar zum weisen Menschen.

gegen Ihre Angst. Sonst wird sie nur noch stärker. Freunden Sie sich mit Ihrer Angst an. Die Angst will Sie immer wieder daran erinnern, sich und die ganze Familie Gottes Obhut anzuvertrauen. Und die Angst lädt Sie dazu ein, jeden Augenblick, den Gott Ihnen schenkt, bewusst zu leben. Lassen Sie sich von der Angst dazu anregen, sich Ihrer Tochter liebevoll zuzuwenden und das Geheimnis, das Ihre Tochter darstellt, auf neue Weise wahrzunehmen, ihr Worte der Liebe und Zuwendung zu sagen, die Sie lange nicht mehr gesagt haben. Dann müssen Sie Ihre Angst nicht loswerden. Sie wird verwandelt in eine Einladung, intensiv und achtsam zu leben.

Seit einigen Jahren leide ich an Multipler Sklerose. Es gab einige Hoffnungsstationen, aber inzwischen bin ich auf den Rollstuhl angewiesen, und es wird von Monat zu Monat schlechter. Ich habe in den letzten Jahren um Heilung und um Antworten auf die Sinnfrage gekämpft. Es war eine sehr anstrengende Zeit, aber eine Zeit, in der es neben der Verzweiflung auch die Hoffnung gab. Was ist nun? Es geht mir körperlich schlechter und das geplante Ziel – eine Antwort auf die Warumfrage zu finden – ist plötzlich verschwunden.

Was bedeutet dies ALLES?

Die Antwort auf die Warumfrage werden Sie nie finden. Wir wissen nicht, warum uns so eine Krankheit widerfährt. Wir können nur versuchen, eine Antwort auf die Krankheit zu geben und – wie Viktor E. Frankl, der jüdische Therapeut, der selbst im KZ war, sagt – ihr einen Sinn abgewinnen. Die Krankheit hat nicht in sich einen Sinn. Aber wir können ihr einen geben. Jesus gibt uns einen Schlüssel an, wie wir der Krankheit einen Sinn geben können. Er gesellt sich den beiden Jüngern zu, die von seinem Tod am Kreuz so enttäuscht sind, dass sie von Jerusalem fliehen und sich Emmaus zuwenden. Sie verstehen nichts von dem, was geschehen ist. Sie können sich nicht vorstellen, warum Gott das mit Jesus, dem wunderbaren Rabbi, zuließ. Jesus spricht mit ihnen über ihre Enttäuschung. Er sagt ihnen nicht, warum das alles geschehen ist.

Aber er zeigt ihnen von der Bibel her, dass das nicht sinnlos war und kein Scheitern, sondern ein Weg zu einem neuen Leben, ein Weg in Gottes Herrlichkeit hinein. Er sagt ihnen: „Musste nicht der Messias all das erleiden, um so in seine Herrlichkeit einzugehen?" (Lk 24,26)

Wir könnten diese Antwort auf uns und unsere Krankheit hin so verstehen: Die Krankheit zerbricht meine Vorstellungen von mir selbst, von meinem Leben und von Gott. Wenn ich mir diese Vorstellungen zerbrechen lasse, dann werde ich nicht zerbrechen, sondern ich werde aufgebrochen für mein wahres Selbst und für den unbegreiflichen Gott, für den ursprünglichen Glanz, den Gott mir geschenkt hat.

Die Krankheit stellt Sie vor die Frage: Wer bin ich selbst? Was ist der Sinn meines Lebens? Sie müssen sich verabschieden von der Illusion, dass Sie durch Leistung Ihrem Leben einen Sinn geben können. Doch Ihr Leben ist wertvoll – einfach dadurch, dass Sie Ihr einmaliges Leben leben. Sie graben mit Ihrem Leben eine Spur in diese Welt ein. Wenn Sie gerade in Ihrer Krankheit durchlässig werden für Gott, dann wird Ihre Krankheit für andere zum Segen werden. Dann leuchtet in Ihnen Gottes Herrlichkeit aus. Sie sind durchlässig für Gottes Liebe, die stärker ist als der Tod. Es ist natürlich nicht leicht, sich in seiner Ohnmacht ganz in Gottes unbegreifliche Liebe fallen zu lassen und für diese Liebe durchlässig zu werden. Es ist ein schmerzlicher Prozess. Der hl. Paulus drückt diese Erfahrung, die er am eigenen Leib machen musste, mit einer Krankheit, die er nicht überwinden konnte, so aus: „Wenn auch unser äußerer Mensch aufgerieben wird, der innere wird Tag für Tag erneuert." (2 Kor 4,16) So wünsche ich Ihnen, dass Sie sich mit Ihrer unbegreiflichen Krankheit aussöhnen und dass Sie in sich den inneren Raum entdecken, in dem Gott in Ihnen wohnt. Dort, wo Gott in Ihnen wohnt, sind Sie heil und ganz. Dort hat die Krankheit keinen Zutritt. Und von dort her können Sie etwas ausstrahlen, was für Sie und für die Menschen, denen Sie begegnen, zum Segen wird.

> Die *Krankheit* stellt Sie vor die Frage:
> Wer bin ich selbst?
> Was ist der *Sinn* meines Lebens?

Ich habe lange immer wieder unter Depressionen gelitten, und habe jetzt die Erfahrung von großer Lebensfreude – und gleichzeitig die Angst, das könnte nur die manische Seite meiner Krankheit sein. Soll ich mich dem Arzt anvertrauen oder lieber auf mein Herz hören, welches mir sagt, ich freue mich einfach nur über das neu gewonnene Leben.

Kann denn Freude krankhaft sein?

Hören Sie auf Ihr Herz und seien Sie dankbar für die Lebensfreude, die Sie jetzt empfinden. Wenn Sie Angst haben, dass es nur die manische Seite Ihrer Krankheit sein kann, dann antworten Sie auf diese Angst, indem Sie achtsam mit sich umgehen. Achten Sie auf das richtige Maß. Manie heißt ja immer Maßlosigkeit. Die Freude darf maßlos sein. Aber achten Sie darauf, dass Sie genügend schlafen, dass sie nicht maßlos arbeiten, dass Sie einen regelmäßigen Tagesablauf haben. Wenn Sie auf diese Weise ein gutes Maß halten, dürfen Sie sich dankbar Ihrer Lebensfreude überlassen. Sie haben keine Garantie, dass sie immer bleibt. Aber die Angst, dass sie vielleicht in zwei Monaten nicht mehr da ist, darf Sie nicht davon abhalten, sich jetzt zu freuen. Auch die Freude ist ein Geschenk, das wir genießen, aber nicht festhalten können. Aber solange Sie diese Lebensfreude spüren, danken Sie Gott für dieses Geschenk. Vielleicht wird die Lebensfreude stiller werden. Aber das, was Sie jetzt spüren, ist ein Teil von Ihnen. Und auch wenn es Ihnen einmal nicht so gut geht, sollen Sie wissen: Unter der Depression strömt immer auch die Quelle der Freude. Manchmal wird diese Quelle zugeschüttet. Dann ist es unsere Aufgabe, wieder mit ihr in Berührung zu kommen durch alle anderen Gefühle, die sich darüber gelegt haben, hindurch. Genießen Sie also die Freude, die Sie jetzt empfinden. Wenn Sie sie genießen, sind Sie in Berührung mit sich selbst. Und solange Sie in Kontakt mit sich selbst sind, brauchen Sie keine Angst zu haben, manisch zu sein. Lassen Sie sich von der Angst nicht abhalten von der Freude, sondern einladen, sie als Geschenk Gottes zu genießen und sich auf neue Weise wahrzunehmen. Statt sie als Manie zu deuten und sich mit dieser Deutung die Freude zu schmälern, sollten Sie sie deuten als Verwandlung Ihrer Wunde (der Depression) in eine Perle: in die Perle neuer Lebendigkeit und Freude.

> Freude ist ein Geschenk, das wir genießen, aber nicht *festhalten* können.

Ich kann mich über nichts mehr freuen. Ich sehe alles negativ. Früher habe ich Freude empfunden, wenn ich durch die Natur gewandert bin. Heute wandere ich, aber ich spüre nichts mehr. Alles ist mir leer geworden. Ich bin gefühllos.

Wie komme ich dazu, mich wieder freuen zu können?

Es gibt keinen schnellen Trick, um sich wieder freuen zu können. Was Sie beschreiben, das klingt für mich nach einer Depression. In der Depression vermag ich nichts mehr zu empfinden. Da bleibt die Freude ein Fremdwort, ein Wort, das nichts mehr in mir auslöst. Ein erster Schritt wäre, dass Sie sich mit Ihrer Depression aussöhnen. Da hat sich etwas über Ihre Seele gelegt, das Sie daran hindert, sich freuen zu können. Und ich würde mit der Depression sprechen. Was will sie mir sagen? Ist es eine Erschöpfungsdepression? Zeigt sie mir, dass ich erst einmal gut für mich sorgen muss, damit ich wieder in Berührung komme mit mir selbst und mit meinen Gefühlen? Der zweite Schritt ist, dass Sie versuchen, mit Ihren Sinnen etwas wahrzunehmen. Gehen Sie in die Natur hinaus und versuchen Sie, mit Ihrer Haut den Wind zu spüren und die Sonne, die Sie wärmt. Sie müssen dabei keine bestimmten Gefühle empfinden. Aber wenn Sie es versuchen, werden Sie vielleicht wieder etwas wahrnehmen und spüren, was von außen auf Sie zukommt. Und das könnte der Beginn sein, dass Sie auch das Schöne um sich herum wieder wahrnehmen und sich vielleicht darüber freuen können. Der dritte Schritt könnte sein: Nehmen Sie Ihre Leere wahr. Spüren Sie in Ihren Leib hinein. Wo ist diese Leere zu spüren? Ist der ganze Leib leer? Oder hat sich diese Leere nur in einem bestimmten Bereich festgesetzt? Stellen Sie sich diese Leere vor und gehen Sie durch diese Leere hindurch. Gibt es dort andere Gefühle und andere Bilder, die in Ihnen auftauchen? Vertrauen Sie darauf, dass unterhalb der Leere in Ihnen eine Quelle der Freude ist. Auch wenn Sie diese Freude nicht spüren, sie ist doch auch in diesem Zustand gegenwärtig. Allein die Vorstellung kann Ihr Empfinden von Leere relativieren. Setzen Sie sich nicht unter Druck, dass Sie wieder Freude empfinden müssen. Aber lassen Sie auch nicht locker. Versuchen Sie, an die Freude heranzukommen, die in Ihnen ist. Vielleicht wird ein Wort, eine Begegnung, eine spirituelle Erfahrung Sie wieder mit dieser Freude in Berührung bringen.

> Versuchen Sie, an die *Freude* heranzukommen, die *in Ihnen* ist.

Meine Schwiegermutter ist in einem Heim untergebracht. Sie leidet unter Demenz und erkennt oft ihren eigenen Sohn nicht. Unsere Besuche lassen mich immer mit einem Erschrecken zurück. Einerseits spüre ich, wie schwer es ist, einem in mancherlei Hinsicht fremd gewordenen Menschen die Liebe entgegenzubringen, die er verdient. Und andererseits packt meinen Mann und mich auch immer die Angst:

Wird es uns ähnlich ergehen?

Es sind zwei Gefühle, die Sie bei Ihrer dementen Schwiegermutter empfinden. Das eine ist das Erschrecken über einen Menschen, der in einer anderen Welt zu leben scheint, der so abgetaucht ist, dass er die eigenen Kinder nicht mehr erkennt. Das tut weh. Aber wir dürfen vertrauen, dass hinter dieser scheinbar empfindungslosen Fassade doch noch ein Mensch mit seiner eigenen Würde ist. Und manchmal fällt ein Licht durch die Fassade hindurch. Sie dürfen vertrauen, dass Ihre Schwiegermutter trotz der Demenz die Liebe wahrnimmt, die Sie ihr entgegen bringen. Natürlich ist diese Liebe immer einseitig, weil Sie keine Antwort bekommen. Sie ist mehr Mitleid. Vielleicht hilft Ihnen die Vorstellung, dass Sie in Ihrer Schwiegermutter den unbewussten Teil von sich selbst lieben und gut behandeln.

Das zweite Gefühl ist die Angst, selbst einmal dement zu werden. Diese Angst kenne ich auch. Es ist gut, sich dieser Angst zu stellen. Zunächst muss es nicht so werden. Die Demenz ist eine Herausforderung an uns, bewusst zu leben, mit allen Sinnen zu leben, weiter auf dem Weg zu bleiben und nicht stehen zu bleiben. Zum andern zeigt uns die Demenz, was unsere eigentliche Würde ist. Unsere Würde ist tiefer als das, was wir nach außen zeigen. In uns ist ein unzerstörbarer Kern, ein göttlicher Kern, der auch durch die Demenz nicht aufgelöst werden wird. Selbst wenn wir uns in der Demenz von der bewussten Welt zurückziehen, wird unser innerer Kern doch klar und wach bleiben. Und wir werden auch durch die Demenz hindurch in Gott hinein sterben. Nehmen Sie die Angst als Einladung, bewusst zu leben und dankbar zu sein für die Lebendigkeit, die Gott Ihnen geschenkt hat. Und lassen Sie sich von der Angst immer wieder daran erinnern, wer Sie eigentlich sind, dass in Ihnen etwas ist, das stärker ist als der Tod: die Liebe und Ihre unverwechselbare und einmalige Person, die durch alles hindurchleuchtet, was Ihren ursprünglichen Glanz trüben möchte.

> Unsere *Würde* ist tiefer als das, was wir nach außen zeigen.

Im Moment leide ich unter ziemlichen Schlafstörungen. Nach ein paar Stunden wache ich auf und wälze meine Probleme. Ich mache Überstunden im Büro und weiß trotzdem nicht, wie ich alle Anforderungen bewältigen soll. Und auch zu Hause habe ich Sorgen: meine Kinder sind in der Pubertät, mein Mann hat in seinem eigenen Unternehmen massive Schwierigkeiten, die natürlich auch mich belasten. Und nach solchen Nächten gehe ich noch zermürbter in den nächsten Tag.

Wie kann ich meine Schlafprobleme bekämpfen, um wieder mehr Kraft zu haben?

Sie können nicht verhindern, dass Sie nachts aufwachen. Aber wie Sie mit dem Wachsein umgehen, das ist Ihre Sache. Kämpfen Sie nicht gegen das Wachsein. Nehmen Sie es vielmehr als Chance. Es könnte eine Chance sein, Ihr Leben Gott hinzuhalten und mit Gott über Ihr Leben zu sprechen. Statt nachzugrübeln, wie Sie all die Schwierigkeiten bewältigen können, beten Sie lieber für Ihren Mann und für die Kinder. Dann wächst Vertrauen. Und in diesem Vertrauen können Sie auch wieder einschlafen. Es ist dann nicht so wichtig, wie lange Sie schlafen. Wenn Sie in den Wachphasen entspannt sich in Gottes liebende Arme fallen lassen und sich mit Ihren Sorgen in Gottes Liebe ergeben, dann sind auch solche Phasen wichtig und erholsam. Vielleicht wachen Sie nachts auf, weil Sie tagsüber zu wenig Zeit haben, Ihre Probleme Gott hinzuhalten. Schlafen hat ja mit Loslassen zu tun. Wenn Sie gegen die Schlaflosigkeit kämpfen, wird sie noch stärker. Wenn Sie in der Wachphase nur grübeln, sind Sie am nächsten Morgen bloß gerädert. Doch wenn Sie sich nicht ärgern über das Aufwachen, sondern es wie einen Ruf Gottes annehmen, dann können diese Zeiten des Wachens für Sie fruchtbar werden. Das nächtliche Wachen ist ja auch eine Einladung in die Stille. Stellen Sie sich vor, dass Sie mit Ihren Problemen und Ihrer Unruhe und Ihrer Schlaflosigkeit in Gottes guten Händen ruhen. Dann ist es nicht so wichtig, ob Sie wieder einschlafen. In Seinen Händen ruhend wird Ihr Leib die Erholung finden, die Sie brauchen.

> Schlafen hat mit *Loslassen* zu tun. Wenn Sie gegen die Schlaflosigkeit kämpfen, wird sie noch stärker.

SCHEITERN *UND* SCHULD

Das Leben geht nicht immer so glatt, wie wir uns das erhoffen. Manchmal scheitern wir mit unserem Lebensentwurf, in unserem Beruf, in unserer Ehe. Im Scheitern zerbricht das Lebensgebäude, das wir aufgebaut haben. Das kann auch eine Chance sein. Die Chance besteht darin, dass Gott die Scherben unseres Lebens neu zusammensetzt, so dass es unserem ursprünglichen und unverfälschten Bild, das Gott sich von uns gemacht hat, mehr entspricht. Viele tun sich schwer, ein Scheitern zuzugestehen. Doch wenn wir uns mit unserem Scheitern aussöhnen, ohne uns zu beschuldigen, werden wir bei allen Brüchen doch auch einen roten Faden in unserem Leben erkennen. Beides gehört zu unserem Leben: die Kontinuität und die Brüche. Die Kontinuität schenkt uns das Vertrauen, dass unser Leben nicht einfach nur aus vereinzelten Teile eines Puzzle besteht, die kein Gesamtbild ergeben und die ohne inneren Zusammenhang sind. Vielmehr erfahren wir in der Kontinuität dieses Lebens einen roten Faden, der sich durchzieht, der unserem Leben trotz aller Brüche eine Einheit verleiht. Unser Leben ist ein Ganzes, ein Kunstwerk, das durch die Brüche aufgebrochen wird für die innere Wahrheit. Die Brüche zeigen uns, dass wir das innere Bild, das Gott sich von uns gemacht hat, oft mit unseren eigenen Bildern und Erwartungen vermischt haben. Und noch die Brüche offenbaren uns das ursprüngliche Bild.

Die Kirche hat in früheren Jahrhunderten die Schuld und die Sündhaftigkeit oft in den Mittelpunkt ihrer Verkündigung gestellt. Sie hat dadurch vielen Menschen Schuldgefühle vermittelt und sie dadurch häufig verletzt. Doch heute sind wir in der anderen Gefahr: das Phänomen der Schuld überhaupt auszuklammern aus unserem Denken. Doch jeder Mensch hat das Gefühl, dass er schuldig werden und sein Leben verfehlen kann. Die Griechen sprachen in ihren Tragödien von der tragischen Schuld des Menschen. Auch andere Religionen kennen das Phänomen, dass der Mensch an sich und seiner Wahrheit vorbei lebt. Wenn wir Schuld aus der religiösen Rede ausklammern, dann werden die Menschen in der Therapiestunde von ihrer Schuld sprechen. Aber es kommt darauf an, so von Schuld zu sprechen, dass wir keine Schuldangst vermitteln, sondern einen Weg aufzeigen, mit der Wirklichkeit und der Belastung von Schuld umzugehen. Die christliche Botschaft von der Vergebung durch Gott ist ein solcher Weg. Er befreit uns von dem unbarmherzigen Richter, den wir in uns tragen und der uns immer schuldig spricht. Wir brauchen die Barmherzigkeit Gottes, um von unserer eigenen Unbarmherzigkeit frei zu werden. Daher ist die christliche Botschaft von der Vergebung der Schuld so zentral. Sie ist eine Frohe Botschaft, die uns ermöglicht, im Blick auf die bedingungslose Liebe Gottes auch uns selbst mit unseren Schattenseiten und mit unserer Schuld anzuschauen, ohne uns zu verurteilen. Vergebung wird heute von vielen Psychologen als therapeutischer Akt der Selbstreinigung verstanden und als Weg, auf dieser Welt menschlich miteinander zu leben. Die Vergebung durch Gott zeigt uns genau dies. Sie will uns befähigen, auch uns selbst zu vergeben und einander zu verzeihen.

In meiner frühen Jugend bin ich von einem etwas älteren Freund missbraucht worden. Ich habe den Kontakt zu ihm abgebrochen, er ist auch in eine andere Stadt gezogen und aus meinem Leben verschwunden. Vor kurzem hat er sich wieder gemeldet. Er will eine Aussprache, er hofft, so sagt er, auf eine neue Vertrautheit. Der Vorfall von damals berührt mich nicht mehr, aber ihm gegenüber ist in mir alles eingefroren. Ich bin ihm nicht böse, ich hasse ihn nicht mehr. Es ist aber nicht nur, dass ich das alles nicht mehr an mich heranlassen will. Er soll auch diese Bequemlichkeit nicht haben:

*Ich weiß,
dass ich anders handeln sollte –
aber Verzeihung
gönne ich ihm nicht.*

Der Missbrauch ist eine tiefe Wunde, die man nicht einfach übergehen kann. Die Hoffnung auf eine neue Vertrautheit würde ich dem früheren Freund nicht geben. Aber verzeihen sollten Sie schon. Denn wenn Sie nicht vergeben, ist die negative Energie, die durch die Verletzung noch in Ihnen ist, weiter in Ihnen wirksam. Vergebung heißt nicht: Alles vergessen und wieder eine ganz normale Beziehung zum anderen eingehen. Vergebung heißt zuerst einmal: Ich befreie mich von der negativen Energie, die durch die Verletzung noch in mir ist. Wenn ich nicht vergebe, bin ich noch an

Vergebung heißt nicht, dass die alte Beziehung wieder möglich wird.

den anderen gebunden. Aber ich kann nur vergeben, wenn ich den Schmerz über die Verletzung nochmals zulasse und dann auch die Wut zulasse, die den anderen aus mir hinauswirft. Sie sollen sich also nicht wieder neu missbrauchen lassen, indem Sie dem Wunsch des anderen nachgeben. Überlegen Sie sich, was Sie für sich tun können, damit Sie frei werden vom Missbrauch. Das Gefühl, dass etwas in Ihnen eingefroren ist, tut Ihnen auch nicht gut. Vergebung kann durchaus so aussehen, dass Sie keinen Kontakt mehr zu dem früheren Freund wünschen. Aber das ist nicht feindlich gemeint, sondern als Schutz vor neuer Verletzung. Ich würde an Ihrer Stelle diesem Menschen, der erneut den Kontakt mit Ihnen sucht, einen Brief schreiben, in dem ich meine Gefühle ausdrücke. Der Brief sollte keine Vorwürfe enthalten. Ich würde klar schreiben, dass ich ihm vergebe, aber trotzdem keinen Kontakt wünsche: Es ist wichtig, dass die alte Wunde nicht wieder aufbricht. Dann bleiben Sie bei sich. Sie haben vergeben. Aber Sie zeigen ihm auch, dass er sich den Folgen seines Missbrauchs zu stellen hat. Das höre ich aus Ihrer Bemerkung heraus, dass Sie ihm diese Bequemlichkeit nicht gönnen. Darin liegt etwas Gesundes: Sie wollen nicht, dass er durch ein Gespräch alles wieder gut oder gar ungeschehen machen möchte. Das geht nicht. Er muss sich bewusst werden, was er getan hat. Und Vergebung heißt nicht, dass die alte Beziehung wieder möglich wird. Trauen Sie also Ihrem Gefühl. Aber schaden Sie sich selbst nicht, indem Sie die Vergebung verweigern.

*E*ine bald 90 Jahre alte Freundin, geistig immer noch sehr wach, zeit ihres Lebens immer sehr selbständig gewesen, mit einem großen Freundeskreis, der sich auch jetzt noch um sie kümmert, ist von ihrer Tochter, die weit entfernt wohnt, nach einer kurzen Krankheit gedrängt worden, in ein Altersheim zu gehen. Die Freundin hat mich angerufen in ihrer Verzweiflung, und ich weiß nicht, ob ich mich nicht stärker für sie hätte einsetzen sollen. Ich habe ihr geraten, zunächst nur einmal „auf Probe" ins Heim zu gehen. Aber ich habe mich gescheut, mich mit der Tochter in Verbindung zu setzen, obwohl ich das Gefühl habe, dass sie in diesem Heim, in dem sonst fast nur demente Alte sind, „eingehen" und verkümmern wird.

War ich zu feige?

Ich würde an Ihrer Stelle nicht mit der Tochter der Freundin sprechen. Denn ich glaube nicht, dass das viel bringen wird. Ich würde vielmehr die Freundin fragen, ob Sie wirklich ins Heim gehen möchte oder ob sie es sich zutrauen würde, noch allein zu leben. Und ich würde mit ihr über die Verletzung sprechen, die sie von ihrer Tochter erfahren hat. Was löst der Wunsch der Tochter in ihr aus? Wenn sie über diesen Schmerz sprechen kann, wird sie entweder Verständnis für den Wunsch der Tochter haben oder aber in sich die Kraft spüren, den eigenen Weg zu gehen. Sie muss ja nicht ins Heim gehen. Sie kann ja offensichtlich noch für sich sorgen. Und vielleicht kann sie ihren Freundeskreis bitten, für sie zu sorgen. Irgendwann wird dann der Zeitpunkt sein, doch ins Heim zu gehen. Aber es tut der Freundin nicht gut, sich drängen zu lassen. Sie braucht möglicherweise noch Zeit. Und sie soll den Zeitpunkt selbst bestimmen, wann es für sie stimmt, ins Heim zu gehen. Sie können die Freundin auch fragen, ob Sie mit ihrer Tochter sprechen sollen. Nur wenn die Freundin das selber wünscht, würde ich es tun. Aber das Gespräch müsste frei von Vorwürfen sein. Das würde nicht weiter führen. Sie sollen vielmehr auch die Sorge der Tochter verstehen. Vielleicht ergibt sich dann ein Weg, dass der Freundeskreis und die Tochter gemeinsam nach einem Weg suchen, einen Sorgedienst für die Freundin zu organisieren.

> *Vorwürfe* führen nicht weiter. Es ist wichtig, auch die *Sorgen* der anderen zu verstehen.

Vor einigen Jahren habe ich eine Entscheidung getroffen, die sich im Nachhinein als falsch herausgestellt hat. Wenn ich damals richtig gehandelt hätte, wäre ich die vielen finanziellen Sorgen los, die mich für meine Familie heute mit Zukunftsangst erfüllen. Ich kann nachts oft nicht schlafen, weil ich immer um diese Fehlentscheidung kreise und es zieht mich oft tagelang nach unten.

Was kann ich tun, um von dieser Selbstzerfleischung loszukommen?

Sie müssen zuerst betrauern, dass Sie diese Fehlentscheidung getroffen haben. Sie hat Sie in eine schwierige Situation gebracht. Das tut weh. Aber dann versuchen Sie, durch den Schmerz des Betrauerns in den Grund Ihrer Seele zu gelangen. Dort werden Sie nicht nur die Fehlentscheidung antreffen, sondern mit Ihrer Kraft in Berührung kommen. Fragen Sie sich, wie Sie heute auf diese Entscheidung reagieren können. Vielleicht hatte diese Entscheidung auch den Sinn, dass Sie sich neuen Herausforderungen stellen, dass Sie Seiten an sich kennengelernt haben, die Ihnen gut tun. Doch solange Sie um Ihre Schuldgefühle kreisen und sich mit Selbstvorwürfen zerfleischen, kommen Sie nicht an Ihre eigene Kraft heran. Sie weichen mit den Schuldgefühlen gerade Ihrer Wahrheit und Ihrem

Leben aus. Fragen Sie sich also, welche Herausforderung in Ihrer Situation steckt. Und dann nehmen Sie die Herausforderung an. Sie werden spüren,

> Solange Sie um Ihre Schuldgefühle kreisen und sich mit Selbstvorwürfen zerfleischen, kommen Sie nicht an Ihre eigene *Kraft* heran.

dass Sie dadurch stärker werden und dass Sie neue Wege entdecken werden, wie Sie für sich und Ihre Familie gut weiterleben können. In dem Prozess des Betrauerns geht es darum, sich von den Illusionen zu verabschieden, die Sie sich vom Leben gemacht haben. Vielleicht bestand eine solche Illusion darin, dass Sie glaubten, Ihr Leben im Griff zu haben, dass alles gut gehen müsse. Wenn Sie Abschied genommen haben von Ihren Illusionen, können Sie vielleicht auch das Gute entdecken, in das Sie Ihre Entscheidung hinein geführt hat. Vielleicht ist Ihre Familie dadurch zusammengewachsen und hat andere Werte für sich entdeckt als nur Geld und Sicherheit.

Ich habe eine sehr streng religiöse Erziehung „genossen", die von Angst und Geboten, sicherlich nicht von Freiheit und Vertrauen geprägt war. Ich bin immer noch wütend auf die Menschen, die mein Leben so verbogen und meine Lebensfreude so lange verschüttet haben. Das waren nicht nur meine Eltern, sondern auch bigotte Priester und Lehrer an einer sogenannten "christlichen" Schule. Wie kann ich von meiner Wut loskommen? Und vor allem:

Wie kann ich endlich wirkliche Freiheit gewinnen?

Sie sollen die *Wut* verwandeln in eine trotzige Kraft.

Die Wut ist die Kraft, mich von denen zu distanzieren, die mich verletzt haben. Sie sollen die Wut dazu benutzen, die Menschen, die Ihnen die Lebensfreude geraubt haben, aus sich hinauszuwerfen. Und Sie sollen die Wut verwandeln in eine trotzige Kraft: „Ich kann selber leben. Ich brauche euch und eure bigotte Lebenshaltung nicht. Ich spüre in mir Freude. Die lasse ich mir von euch nicht rauben." Und dann sollen Sie sich fragen, was Ihre Eltern, die Priester und Lehrer dazu gebracht hat, so von Gott und vom Menschen zu sprechen. Welche Angst steckte dahinter? Was haben diese Menschen mit ihrer religiösen Einstellung unterdrückt? Wovor hatten sie Angst? Solche Fragen führen dazu, diese Menschen nicht als Monster zu sehen, sondern selber als ängstliche Menschen, die für sich einen Weg gesucht haben, mit dem, was ihnen solche Angst machte, einigermaßen zurechtzukommen. Sie sollen aber heute Ihren Weg finden, mit sich und Ihrem Leben zurechtzukommen. Sie müssen sich innerlich von diesen Menschen verabschieden und in sich hineinhorchen. Wonach sehne ich mich? Was trägt mich? Wenn Sie die allzu enge Religion aus sich hinauswerfen, sollen Sie nicht Ihre religiösen Wurzeln mit ausreißen. Sonst fehlt Ihnen etwas. Fragen Sie sich: Wo gibt es in mir auch gesunde religiöse Wurzeln? Wem traue ich? Und dann lesen Sie selbst in der Bibel oder in religiösen Büchern und fragen sich, nach welcher Art von Spiritualität Sie sich sehnen. Die alten Bilder werden immer wieder in Ihnen auftauchen. Aber dann schauen Sie sie an und sagen sich: Ich kenne euch. Ihr stammt von meinen Eltern, von diesem Priester, von diesem Lehrer. Ich lasse euch bei ihnen. Ich traue meinem Gefühl. Wenn Sie so mit Ihrer Vergangenheit umgehen, werden Sie immer freier von diesen alten Bildern. Und Sie können sich neue Bilder suchen, heilsame Bilder, wie die Bibel sie uns zeichnet, die Ihnen gut tun und die Ihre Wunden heilen.

Ich habe in meinem Leben gegenüber einem Menschen, der es gut mir meinte, Schuld auf mich geladen. Ich komme davon nicht los.

Wie kann ich darauf vertrauen, dass Gott mir vergibt, wenn nicht einmal ich selber mir vergeben kann?

Der Weg geht umgekehrt: Wir sollen vertrauen, dass Gott uns vergibt. Das soll uns helfen, dass wir uns selbst vergeben. Es ist leichter, an Gottes Vergebung zu glauben, als sich selbst zu vergeben. Jesus hat uns immer wieder versichert, dass Gott ein barmherziger Gott ist. Gott vergibt uns die Schuld. Doch in uns ist ein unbarmherziger Richter, das eigene Über-Ich, das uns ständig verurteilt, wenn wir unseren eigenen Normen und Vorstellungen nicht gerecht werden. Sie dürfen also darauf vertrauen, dass Gott Ihnen vergeben hat und immer wieder vergibt. Halten Sie Ihre Unfähigkeit, sich selbst zu vergeben, in das Erbarmen Gottes hinein. Und dann fragen Sie sich, warum Sie sich nicht vergeben können. Ich vermute, dass Sie an Ihrem Idealbild festhalten. Sie können sich nicht vergeben, weil Sie an einem bestimmten Bild von sich festhalten, das durch Ihr Verhalten zerbrochen ist. So sollten Sie sich von diesem Bild verabschieden, das Sie sich von sich gemacht haben. Das tut weh. Aber wenn dieses Bild zerbrochen ist, sollten Sie sich fragen: Wer bin ich wirklich? Sie sind weder perfekt, noch schlecht. Sie sind durchschnittlich wie wir alle, mit Stärken und Schwächen. Söhnen Sie sich mit sich selbst aus, so wie Sie sind, so wie Sie Ihnen Ihr Verhalten aufgezeigt hat. Wenn Sie Abschied genommen haben von Ihrem hohen Idealbild, werden Sie in sich eine neue innere Freiheit erfahren. Und Sie werden die Gaben in sich entdecken, die Gott Ihnen geschenkt hat. Sie werden neuen Frieden in sich spüren. Diese innere Freiheit und diesen Frieden wünsche ich Ihnen von Herzen.

> Letztlich geht es darum, uns mit unserem *menschlichen Sein* auszusöhnen, das immer auch brüchiges Sein ist.

Vielleicht gibt es noch einen anderen Grund für Ihre Unfähigkeit, sich selbst zu vergeben. Wir alle würden gerne unser Leben lang mit einer weißen Weste herumlaufen. Doch im Lauf der Zeit bekommt diese weiße Weste dunkle Flecken. Damit müssen wir uns aussöhnen. So, wie wir gerne leben möchten, mit einer unbefleckten Weste, immer tadellos, ohne jede Schuld, geht es nicht. Letztlich geht es darum, uns mit unserem menschlichen Sein auszusöhnen, das immer auch brüchiges Sein ist.

Ich wurde nach einem selbstverschuldeten Unfall, bei dem meine Frau ums Leben kam, aus einem Zustand, in dem ich schon klinisch tot war, wieder reanimiert. Ich leide immer noch seelisch unter dem Verlust meiner Frau. Da ich überzeugt bin, dass es ein Leben nach dem irdischen Tod gibt, frage ich mich: Warum musste ich zurück ins Leben? Bei Gott wäre alles gut!

Warum musste ich zurück ins Leben?

Warum Sie zurück mussten, kann ich Ihnen auch nicht sagen. Und ich verstehe Ihren Wunsch, im Tod mit Ihrer Frau eins zu werden. Das wäre für Sie leichter gewesen. Aber Sie sind nun reanimiert worden. Ihnen ist ein neues Leben geschenkt worden, auch wenn es sehr schmerzlich ist. Und so würde ich fragen: Wie soll ich dieses Leben leben, das Gott mir neu geschenkt hat? Und was ist die Botschaft meiner Frau, die nun bei Gott ist? Was will sie mir sagen? Welche Spur möchte ich mit meinem Leben in diese Welt eingraben? Wie kann ich hier leben ohne meine Frau? Ihre Frau ist Ihnen von Gott her zur Begleitung gegeben. Sie dürfen mit ihr innerlich sprechen, was sie Ihnen wünscht und was sie Ihnen rät. Die Trauer um den Tod Ihrer Frau können Sie nicht überspringen. Aber die Trauer will Sie in eine neue Beziehung zu Ihrer Frau bringen, die nun im Tod vollendet ist. Sie können sich fragen: Was ist das Wesen meiner Frau? Was ist ihre Botschaft? Wonach hat sie sich gesehnt? Was ist das einmalige Bild, das sie gelebt

> Sie werden Ihre Trauer verwandeln können in ein neues, intensives Leben, ein Leben, mit dem Sie zum *Segen* werden *für andere* Menschen.

hat, das aber erst jetzt im Tod ganz offenbar geworden ist? Und fragen Sie sich: Wer bin ich selbst? Was ist mein Auftrag in dieser Welt? Warum hat Gott mir diese Jahre noch geschenkt? Welche Botschaft möchte ich den Menschen um mich herum sagen? Und was möchte ich von meiner Frau in dieser Welt weiter leben, das sie verkörpert hat, das aber vielleicht für manche nicht deutlich genug geworden ist? Fragen Sie im Gebet, welche Antwort Sie mit Ihrem Leben auf das Leben und Sterben Ihrer Frau geben sollen. All diese Fragen werden Ihren Schmerz über den Verlust Ihrer Frau nicht auflösen. Aber Sie werden Ihre Trauer verwandeln können in ein neues, intensives Leben, ein Leben, mit dem Sie zum Segen werden für andere Menschen. Und bitten Sie Ihre Frau, dass sie Ihnen zum Segen wird, jetzt durch ihren Tod, da sie bei Gott vollendet ist.

Ich bin keine Vegetarierin. Aber meine Tochter steht dem Essen von Fleisch inzwischen kritisch gegenüber und fragt mich nach meiner Haltung. Was sagt die Bibel zum Vegetarismus?

Dürfen Menschen Tiere leiden lassen und sie töten, um sie als Nahrung zu sich nehmen?

Es ist gut, wenn Ihre Tochter Vegetarierin ist. Die geistliche Tradition hat viel darüber nachgedacht. Die Tradition der Mönche hat immer auch auf Fleischgenuss verzichtet. Der hl. Benedikt erlaubt nur für die Kranken den Genuss von Fleisch. Das hat auch spirituelle Gründe. Die vegetarische Kost – so glaubten die Mönche – ist eine Hilfe für den spirituellen Weg, um in der Meditation offener für Gott zu werden. Aber man soll aus der vegetarischen Kost keine Ideologie machen. Die Bibel geht davon aus, dass wir Fleisch essen dürfen. Das jüdische Gesetz hat nur das Schweinefleisch verboten. Der hl. Paulus spricht davon, dass die Christen keine Speisevorschriften machen sollen. Wir sollen also die Speise als Geschenk von Gott sehen und nicht meinen, die eine Speise sei dämonisch, die andere nicht. Paulus spricht vom Problem, dass in der damaligen Zeit das Fleisch, das auf dem öffentlichen Markt zu kaufen war, oft von den

Opfern stammte, die man den heidnischen Göttern darbrachte. Aber da der Christ nicht an die heidnischen Götter oder Dämonen glaubt, darf er selbst, so der Apostel Paulus, dieses Fleisch ohne Bedenken essen.

> Wir brauchen: *Ehrfurcht* vor den Tieren und einen achtsamen Umgang mit ihnen.

Ob wir die Tiere leiden lassen dürfen, ist eine andere Frage. Unsere heutige Fleischindustrie geht sicher sehr unmenschlich mit den Tieren um. Die Indianer haben die Tiere geehrt und trotzdem ihr Fleisch gegessen. Aber sie haben sich bei den Tieren bedankt, die sie getötet haben, um sich von ihrem Fleisch zu ernähren. Wir müssen uns zwar vor jeder Ideologie hüten. Aber was wir brauchen ist: Ehrfurcht vor den Tieren und einen achtsamen Umgang mit ihnen.

Mein Vater ist vor vielen Jahren gestorben. Er war lange krank, am Ende auch über ein Jahr bettlägerig und immer wieder einmal in kritischen Situationen. Es war damals für uns alle eine belastende Situation. Am Ende hat ihm der Hausarzt angeblich schmerzlindernde Spritzen gegeben. Ich leide immer noch unter dem Eindruck, dass das – ohne dass je darüber gesprochen wurde – eine Dosis war, die ihm zwar ein schmerzfreies Einschlafen beschert hat, die aber bewusst so dosiert war, dass man eigentlich von aktiver Sterbehilfe sprechen muss.

Ich werde das Schuldgefühl meinem Vater gegenüber nicht los.

Zunächst haben Sie selbst keine Schuld auf sich geladen, weil Sie nicht selbst beim Entscheidungsprozess dabei waren. Offensichtlich gab es gar keine Entscheidung. Was der Hausarzt wirklich gemacht hat, können Sie heute nicht mehr feststellen. Daher würde ich alles Grübeln darüber aufgeben. Sie dürfen vertrauen, dass Ihr Vater jetzt bei Gott ist. Er macht Ihnen sicher keine Vorwürfe. Er ist in Gott mit sich und mit Ihnen im Frieden. Nehmen Sie lieber Beziehung zu ihm auf. Das Kreisen um die Schuldgefühle kann Sie daran hindern, die Trauer um Ihren Vater zuzulassen und durch die Trauer hindurch zu einer neuen Beziehung zum Vater zu treten. Überlassen Sie sein Sterben und die Art, wie er gestorben ist, Gott. Sie müssen gar nicht genau wissen, ob es in Richtung aktive Sterbehilfe ging oder nicht. Wenn Sie heute mit anderen in diese Situation kommen, können Sie allerdings bewusster damit umgehen. Aber es hilft niemandem, wenn Sie sich um die Vergangenheit Schuldgefühle machen. Halten Sie Ihre Schuldgefühle in das Erbarmen Gottes. Ganz gleich, ob es Schuld war oder nicht, Sie sind von Gottes Barmherzigkeit umgeben. Die schenkt Ihnen Frieden, den Frieden, den Ihr Vater längst in Gott hat und an dem er Ihnen Anteil schenken möchte. Und fragen Sie im Gebet mit Gott auch Ihren Vater, was er Ihnen heute sagen möchte, welche Botschaft er an Sie hat, welche Antwort Sie auf sein Leben geben sollten.

> Das Kreisen um die *Schuldgefühle* kann Sie daran hindern, die Trauer um Ihren Vater zuzulassen

TOD, STERBEN, TRAUER

Der Gedanke an den Tod treibt viele Menschen um. Dabei denken sie meist an das eigene Sterben. Sie wissen nicht, was sie im Tod erwartet. Wie wird es wirklich sein, wenn wir sterben? Das naturwissenschaftliche Denken nimmt vielen die Gewissheit, dass sie in Gott hinein sterben werden und sich in Gott wiedersehen werden. Und doch gibt es in den Menschen eine tiefe Sehnsucht, an das zu glauben, was die Bibel die Auferstehung der Toten nennt. Nicht der Umgang mit der Naturwissenschaft, sondern die Beschäftigung mit der Psychologie kann uns helfen, unserer Sehnsucht zu trauen. C. G. Jung meint, dass es der Weisheit der Seele entspräche, an ein Fortleben nach dem Tod zu glauben, und zwar nicht einfach an ein Dahinvegetieren, sondern an eine Verwandlung und Erfüllung. Der Weisheit der Seele zu folgen, ist für den Menschen gesund. Sich gegen die Weisheit der Seele zu sträuben und rein rationalen Argumenten zu folgen, führt – so meint Jung – oft zu neurotischen Mustern, zu einem ängstlichen Festklammern an sich und seiner Gesundheit und zu diffusen Ängsten, ja oft auch zur Erstarrung. Jung entscheidet sich als Psychologe dazu, der Weisheit der Seele zu trauen, auch wenn er sich eingesteht, dass er das Leben nach dem Tod nicht beweisen kann.

Ein anderes Thema, das viele beim Denken an den Tod bewegt, ist der Umgang mit Sterbenden. Sie spüren, dass der Tod auch die Chance in sich birgt, sich mit dem Sterbenden zu versöhnen und sich auf würdige Weise zu verabschieden. Das Sterben ist die Gelegenheit, dem anderen Menschen Worte zu sagen, die man sich bisher zu sagen nicht getraut hat, Worte der Liebe, der Zuwendung, des Dankes. Wenn wir Sterbende begleiten, werden wir selbst oft die Beschenkten. Wir erleben beides: wie Sterbende mit dem Tod ringen und sterbend auch mit Gott kämpfen; aber auch, wie sie sich in Gott hinein ergeben und in ihrem Tod einen Glanz verbreiten, der allen Dabeistehenden Trost und Hoffnung schenkt.

Angesichts des Todes werden wir selber mit dem ungelebten Leben konfrontiert. Wir spüren, dass wir nicht wirklich gelebt haben, dass wir mit leeren Händen vor Gott stehen. Es geht nicht darum, in letzter Minute noch etwas vor Gott zu leisten. Wenn ich den Eindruck habe, noch nie richtig gelebt zu haben, muss ich nicht alles nachholen. Aber es ist nie zu spät, zu leben und meine Lebensspur in diese Welt einzugraben. Es gibt Menschen, die angesichts des Todes in die einmalige Gestalt hineingewachsen sind, die Gott ihnen zugedacht hat. Sie haben in den letzten Augenblicken ihres Lebens eine leuchtende und hoffnungsvolle Spur in diese Welt eingegraben, nicht durch eine Leistung, sondern indem sie sich in Gott hinein ergeben haben und für ihn, seine Gnade und Liebe durchlässig geworden sind. Der Gedanke an den Tod kann zur Einladung werden, zu unserem wahren Wesen zu finden, in das einmalige Bild geformt zu werden, das Gott sich von uns gemacht hat. Angelus Silesius hat das in die Worte gekleidet: „Mensch, werde wesentlich! Denn wenn die Welt vergeht, so fällt der Zufall weg, das Wesen, das besteht."

Als Ärztin auf einer Intensivstation habe ich gerade dies erlebt: Wir hatten einen 92-jährigen Patienten, der im Koma lag und von dem eine Patientenverfügung vorlag, die besagt, er wolle von lebensverlängernden medizinischen Prozeduren ferngehalten werden. Wir haben seiner Tochter, als sie zu uns kam, den Vorschlag gemacht, ihn von den Apparaten abzuhängen und in Ruhe sterben zu lassen. Seine Tochter war vehement dagegen und hat mich mit Androhung von Rechtsfolgen gezwungen, die Apparaturen anzulassen. Zum Glück starb er bald.

Ich habe immer noch ein schlechtes Gewissen.

Die rechtliche Frage kann ich leider nicht beantworten. Von meinem Gefühl her hat die Patientenverfügung ja den Sinn, dass wir den Willen des Patienten befolgen und nicht den Willen der Angehörigen. Von der Theologie her können wir sagen, dass wir das Leben weder künstlich verlängern noch aktiv beenden dürfen. Wenn das Leben nur noch an den Apparaten hängt und der Patient vor seinem Koma im vollen Bewusstsein lebensverlängernde Maßnahmen ablehnt, sollten wir das respektieren. Wir sollen ihn in Würde sterben lassen. Die Frage ist, wie Sie mit seiner Tochter umgehen. Wenn die Tochter so vehement dagegen ist, wäre es erst einmal gut, mit ihr über ihre Gefühle zu sprechen. Warum ist sie so vehement dagegen? Ich vermute, dass sie Angst hat, den Vater loszulassen und sich mit dem Sterben zu befassen. Wichtig ist, dass dieses Gespräch in aller Ruhe geschieht und ohne Vorwurf und ohne Rechtfertigungsversuche. Denn dann würden sich die Positionen nur verhärten. Ich würde die Apparate nicht sofort abschalten, sondern der Tochter zwei Tage Zeit lassen, sich mit dem Gedanken anzufreunden und sich mit einem Seelsorger oder Therapeuten darüber zu unterhalten. Wenn sie dann nach zwei Tagen noch auf ihrer Meinung beharrt, würde ich so antworten, dass Sie es mit Ihrem Ärzteteam besprechen werden, welcher Wille jetzt befolgt werden soll, der Wille des Patienten oder der der Tochter. Es ist wichtig, sich aus einer Situation des Machtkampfes herauszunehmen. Denn in so einer Situation kommt man nicht weiter. In Ihrem Fall hat das Schicksal den Konflikt gelöst. Dafür sollen Sie dankbar sein und sich vom schlechten Gewissen verabschieden. Wenn es hochkommt, halten Sie Ihr Ringen Gott hin und vertrauen Sie darauf, dass es in Gottes Erbarmen aufgehoben und angenommen ist.

> Halten Sie Ihr Ringen Gott hin und vertrauen Sie darauf, dass es in Sein *Erbarmen* aufgehoben und angenommen ist.

Ich habe eine ganz gute Beziehung zu einer inzwischen schon sehr alten Nachbarin, die ich zwischendurch auch in dem Altersheim besuche, wo sie seit einiger Zeit lebt. Sie ist keine einfache Frau, aber ich habe trotzdem einen ganz guten Draht zu ihr. Ihr Sohn ist mit ihr zerstritten und hat sie auch schon mehr als drei Jahren nicht mehr besucht. Sie wehrt auch immer ab, wenn das Gespräch auf ihn kommt. Ich habe das Gefühl, dass es bei ihr bald zu Ende gehen könnte. Ich will mich einerseits ungern in Dinge einmischen, die mich nichts angehen und deren Hintergrund ich nicht kenne. Andererseits habe ich die Ahnung, dass es der Frau doch helfen könnte, wenn sich ihr Sohn mit ihr versöhnen und sie mit ihm Frieden schließen könnte.

Habe ich da eine Verpflichtung, der ich nachkommen muss?

Sie haben keine Verpflichtung, der Sie nachkommen müssen. Die Versöhnung muss vom Sohn ausgehen. Aber wenn Sie in sich den Drang spüren, zur Versöhnung beizutragen, dann sollten Sie dem nachgehen. Doch die Frage ist, was Sie da tun können. Vertrauen Sie Ihrem eigenen Gefühl. Ich würde den Sohn anrufen und ihm erzählen, dass es seiner Mutter schlecht geht. Wie er darauf reagiert, wissen wir nicht. Es kann sein, dass er auf seine Mutter schimpft. Dagegen sollten Sie dann nichts sagen, sondern nur empfehlen: „Das kann ja alles so sein. Aber einen Zwist sollte man vor dem Tod beilegen und nicht danach. Danach wird es umso schwerer werden." Ich würde ihn nicht drängen, aber ihm doch sagen: „Überlegen Sie sich, was Sie für Ihre Mutter tun können, wie Sie ihr ein Zeichen der Versöhnung geben können." Dann hoffen und vertrauen Sie, dass sein Herz sich auftun wird. Aber überlassen Sie es dann Gott, ob eine Versöhnung noch zu Lebzeiten geschieht. Sie sollen dem Sohn im Gespräch nicht die Zusage abringen, dass er seine Mutter besuchen wird. Sie haben gesagt, was zu sagen ist. Und nun vertrauen Sie darauf, dass der Sohn sich das in aller Freiheit überlegt und von sich aus einen Schritt auf die Mutter zu tun wird. Wenn er es nicht tut, dann empfehlen Sie der Mutter, dass Sie an den Sohn glauben soll, auch wenn er es jetzt nicht fertig bringt, zu ihr zu kommen. Der Engel der Versöhnung wird nach ihrem Tod das Herz des Sohnes öffnen. Die Versöhnung ist möglich, auch wenn sie erst im Himmel geschieht.

> Die *Versöhnung* ist möglich, auch wenn sie erst im Himmel geschieht.

Mein Mann und ich sind so alt, dass wir immer wieder einmal über die Zeit nach dem Tod des Partners sprechen. Kürzlich sagte er unvermittelt, er würde sich das Leben nehmen, wenn ich nicht mehr da sei. Ich bin so erschrocken darüber, dass ich gar nicht weiter mit ihm darüber gesprochen habe. Und wie man hört, bringen sich in unserer Gesellschaft immer mehr Menschen um.

Haben wir ein Recht, über jemanden, der die Last des Lebens nicht ertragen kann und das Leben mit eigener Hand beendet, zu urteilen?

Uns steht es nicht zu, über andere Menschen zu urteilen, auch wenn sie Suizid begehen. Aber dennoch sollte uns klar sein, dass es uns nicht zusteht, Hand an uns zu legen. Ich würde ihm sagen, dass ich ihn vom Himmel aus begleiten werde und dass ich traurig sein würde, wenn er sich das Leben nähme. Ich würde auch nicht lange darüber diskutieren. Dass solche Gedanken auftauchen, ist normal. Aber ich würde ihm sagen, dass ich vom Himmel her aufpassen würde, dass es ihm gut geht und dass er sich auch in der Einsamkeit mit mir verbunden fühlen wird. Geben Sie ihm diese Zusage und vertrauen Sie darauf, dass er sich daran erinnern wird, falls Sie vor ihm sterben sollten. Aber überlassen Sie auch die Weise Ihres Sterbens Gott. Sie wissen nicht, wer zuerst stirbt. Und Sie wissen nicht, wie der verbleibende Partner damit fertig werden wird. Der Gedanke, dass ein Partner stirbt, ist eine Herausforderung, uns darüber klar zu werden, was uns eigentlich trägt. Trägt uns nur die Liebe des Partners? Sie wird uns auch nach dem Tod noch begleiten. Aber wir brauchen einen tieferen Grund für unser Leben. Das ist letztlich Gott. In Gott bleiben wir miteinander verbunden, auch über den Tod hinaus.

> Der *Gedanke*, dass ein Partner stirbt, ist eine *Herausforderung*, uns darüber klar zu werden, was uns eigentlich trägt.

In diesem Jahr ist ein lieber Mensch gestorben, mit dem mich viel verbunden hat. Ich habe Angst, Weihnachten zu feiern, weil ich gerade an diesem Fest das Alleinsein schmerzlich spüre.

Wie kann ich mit dem Alleinsein und Alleingelassenwerden umgehen?

An Weihnachten kommt uns besonders schmerzlich zu Bewusstsein, dass uns der geliebte Mensch fehlt. Verdrängen Sie den Tod an diesem Fest nicht, sondern integrieren Sie ihn in die Weise, wie Sie feiern. Suchen Sie sich eine Kerze aus für den Verstorbenen. Wenn Sie möchten, verzieren Sie diese Kerze mit Symbolen, die Sie an den geliebten Menschen erinnern, die sein Wesen ausdrücken. Und dann zünden Sie an Weihnachten diese Kerze an der Krippe und unter dem Christbaum an und stellen sich vor, dass der geliebte Mensch jetzt Weihnachten im Himmel feiert. Er feiert das gleiche Fest als Schauender, das Sie als Glaubende begehen. Und Sie können sich vorstellen, wie der geliebte Mensch das Geheimnis der Menschwerdung jetzt als Schauender erkennt und was für Sie letztlich Menschwerdung Gottes bedeutet, die Sie jetzt an Weihnachten feiern. Dann fühlen Sie sich bei allem Schmerz doch verbunden mit dem geliebten Menschen. Und Sie erleben, dass die Liebe stärker ist als der Tod, dass der Tod Ihre Liebe nicht zerstört, sondern nur verwandelt und erfüllt.

> Sie erleben, dass der Tod Ihre Liebe nicht zerstört, sondern nur *verwandelt* und erfüllt.

Sie feiern dann trotz des Todes gemeinsam Weihnachten. Und der Gedanke an den Verstorbenen kann Ihnen auf neue Weise das Geheimnis der Menschwerdung Gottes erschließen. Gott ist Mensch geworden, um uns mit göttlichem Leben zu erfüllen, das auch den Tod überdauert. Und er ist zu uns gekommen und im Tod von uns gegangen, um uns im Himmel eine Wohnung zu bereiten. Der geliebte Mensch ist schon in dieser Wohnung. Er schmückt sie für Sie, damit Sie, wenn Sie sterben, nicht ins unbekannte Dunkel oder Grauen hinein sterben, sondern in die Wohnung, die geschmückt ist mit all den Erfahrungen, die Sie mit dem geliebten Menschen geteilt haben.

Als Schwester auf einer Intensivstation habe ich miterlebt, wie ein Patient nach einem Suizidversuch reanimiert und ins Leben zurückgeholt wurde. Ich erfuhr dann, dass er darüber gar nicht froh, ja dass er sogar verzweifelt war.

Sollte man Menschen nicht sterben lassen, die sich dazu entschieden haben?

> Wir wissen, dass der *Suizid* oft ein *Hilfeschrei* der Seele nach Zuwendung ist.

Die Frage ist nicht leicht zu entscheiden. Man sollte einen anderen Menschen in Würde sterben lassen. Und auch seine Entscheidung, Suizid zu begehen, sollte man respektieren. Aber wir wissen, dass der Suizid oft ein Hilfeschrei der Seele nach Zuwendung ist. Viele wollen nicht, dass ihr Suizid gelingt. Als Arzt oder Krankenschwester können Sie nicht wissen, was der Patient sich bei seinem Suizid gedacht hat. Daher ist es durchaus im Sinn des ärztlichen Ethos, den Sterbenden beizustehen und ihn zu reanimieren. Wenn er wirklich todunglücklich darüber ist, wird er es ein andermal wieder probieren. Davon kann man ihn dann nicht abhalten, sondern nur vertrauen, dass er auf diesem Weg zu Gott findet. Aber vielleicht entdeckt er nach der Verzweiflung doch auch einen Sinn, dass er wieder zum Leben gekommen ist. Und er wird dieses Leben in neuer Dankbarkeit und Achtsamkeit leben. Darauf sollen Sie hoffen und in diesem Sinn sollten Sie ihn ermutigen und stärken.

Ich bin noch ziemlich jung. Natürlich habe ich auch vor dem Sterben und dem damit möglicherweise verbundenen Leiden Angst. Aber noch mehr Angst habe ich vor dem Tod. Es kann doch sein, dass wir höchstens als Moleküle in veränderter Gestalt wiederkehren?

Werden wir mit dem Tod vielleicht doch einfach nur weggekehrt wie Müll, in den Kompost der Natur?

Ihre Angst, dass Sie im Tod nur weggekehrt werden in den Müll, ist vermutlich bedingt durch all das, was Naturwissenschaftler über den Tod sagen. Sie können über den Tod nur sprechen wie über das Vergehen und Verwandeltwerden von Pflanzen und Tieren. Die Zweifel an den Aussagen der christlichen Tradition, dass wir im Tod in Gott hinein sterben und dass wir nicht aus der Liebe Gottes herausfallen werden, zwingen uns, genauer nachzudenken, was uns im Tod erwartet. Wir können es nicht mit absoluter Sicherheit sagen. Aber wir dürfen dem trauen, was uns die Botschaft der Apostel von der Auferstehung Jesu und von unserer eigenen Auferstehung verheißen. C. G. Jung sagt, dass diese Botschaft zumindest der Weisheit unserer Seele entspricht. Tief in unserer Seele ist das Wissen eingeschrieben, dass der Tod nicht das Ende

> Ich setze auf diese Karte. Meine tiefste *Sehnsucht* ist nicht einfach ein Trick der Natur, damit ich hier überleben

ist, sondern ein neuer Anfang, ein Verwandeltwerden, nicht in Moleküle, sondern in die vollkommene Gestalt, die Gott uns bei der Geburt zugedacht hat. Wenn die Zweifel kommen, lassen Sie sie ruhig zu. Aber dann sagen Sie sich: Ich traue der Botschaft der Bibel. Ich setze auf diese Karte. Meine tiefste Sehnsucht ist nicht einfach ein Trick der Natur, damit ich hier überleben kann, sondern sie entspricht der tiefsten Ahnung der Seele. Und dieser Ahnung traue ich. Ich werde als diese einmalige und einzigartige Person zu Gott kommen. Im Tod wird all das, was ich hier versucht habe, zu verwirklichen, vollendet werden. Da wird meine Person in ihrem ursprünglichen Glanz aufstrahlen und in Gott ihre Erfüllung finden.

Ich bin über 75 und lebe nach dem Tod meines Mannes in einem Altenheim. Ich warte auf niemanden und niemand wartet auf mich: Mein Leben hat keinen Inhalt mehr. Ich habe kaum Besuch. Kinder habe ich keine. Und viele der Gleichaltrigen sind entweder schon gestorben oder können selber nicht mehr. Ich falle den Betreuerinnen, die sowieso schon überlastet sind, eigentlich doch nur zur Last.

Wozu soll ich weiterleben?

Es tut weh, wenn niemand Sie besucht und Sie sich im Altenheim beziehungslos und nutzlos fühlen. Aber Sie leben nicht allein im Altenheim. Wenn Sie ja sagen zu sich und Ihrem Altwerden, wenn Sie in Gott Ihren Grund finden und Gottes Barmherzigkeit und Milde ausstrahlen, dann werden Sie ein Segen für die Menschen im Altenheim, für Ihre Betreuerinnen und für Ihre Mitbewohner. Sie graben mit Ihrem Leben eine einmalige Spur in diese Welt. Und es wäre schade, wenn Sie Ihre Spur selber abbrächen oder wenn es nur eine Spur der Enttäuschung und Verbitterung wäre. Versuchen Sie, in Ihrer Einsamkeit offen zu werden für die vielen einsamen Menschen, die es heute auf der Welt gibt. Beten Sie für sie. Dann spüren Sie, dass Ihr Leben einen Sinn hat. Sie geben die Hoffnung nicht auf. Auch wenn Sie nichts mehr leisten können, können Sie doch etwas ausstrahlen, was dieser Welt gut tut: Milde und Güte, Liebe und Barmherzigkeit,

> Versuchen Sie, in Ihrer *Einsamkeit* offen zu werden für die vielen einsamen Menschen, die es heute auf der Welt gibt.

Weisheit und Freiheit. Sie haben einen unantastbaren Wert. Der ist nicht davon abhängig, ob Sie jemand besucht oder nicht. Glauben Sie an Ihren Wert und an den Wert all der anderen Bewohner, die mit Ihnen leben. Dann werden Sie eine heilende und ermutigende Atmosphäre um sich herum verbreiten. Dann werden Sie zu einer Quelle des Segens für andere. Und darum zu ringen, die Hoffnung nicht aufzugeben, sondern bis zuletzt – auch in der größten Schwäche – durchlässig zu sein für Gottes Liebe, das lohnt sich auf jeden Fall.

Ich musste in meinem Leben auf vieles verzichten und habe den Eindruck, am Ende auch mit leeren Händen dazustehen.

> *Wenn ich*
> *auf mein Leben zurückblicke*
> *und Bilanz ziehe –*
> *viel bleibt da nicht.*

Es kommt nicht darauf an, was Sie am Ende Ihres Lebens vorzuweisen haben. Es geht vielmehr darum, sich mit seinen leeren Händen Gott hinzuhalten, damit Gott unsere Leere mit seiner Liebe erfüllt. Sie finden sich in guter Gesellschaft, wenn Sie das Gefühl haben, am Ende mit leeren Händen dazustehen. Karl Richter, der mit seiner Art, die Kantaten und Passionen von Johann Sebastian Bach zu musizieren, tausende Menschen fasziniert hat, hat kurz vor seinem Tod einem befreundeten Flötisten den Zettel gezeigt, den er immer in seinem Koffer bei sich hatte. Es war der Zettel, auf dem Martin Luthers Worte aus seinem Testament standen: „Wir sind alle Bettler." Vor Gott können wir letztlich nichts vorweisen. Vor ihm sind unsere Hände immer leer. Es sind die Hände von Bettlern. Aber wir dürfen vertrauen, dass Gott unsere leeren Hände füllen wird mit seiner Liebe, mit seiner Herrlichkeit, mit all den Gaben, die er uns verheißen hat. Haben Sie also keine Angst, mit leeren Händen

> Die leeren Hände bereiten uns vor für die *Hingabe*, um die es letztlich geht.

vor Gott zu treten, sondern machen Sie Ihre Hände weit auf, damit Gott sie ergreifen und erfüllen kann. Selbst wenn wir noch soviel geleistet und bewirkt haben in dieser Welt, wie Martin Luther es getan hat, am Ende ist das alles nichts im Vergleich mit dem unendlichen Gott. Es ist eine gute Haltung, sich im Tod in Gott hinein zu ergeben, frei zu werden von dem Leistungsdruck oder von der Angst, wir müssten etwas vorweisen oder Gott etwas beweisen. Die leeren Hände bereiten uns vor für die Hingabe, um die es letztlich geht. Am Ende ist nichts wichtiger, als uns mit leeren Händen Gott hinzugeben und auf seine Barmherzigkeit und Güte zu vertrauen.

SCHLUSS

Die Fragen, die ich hier in diesem Buch beantwortet habe, decken vermutlich nicht die vielen Fragen ab, die Sie noch in Ihrem Herzen spüren. Formulieren Sie die Fragen, die Sie selber bewegen. Und versuchen Sie selbst, für sich eine Antwort zu finden, eine Antwort, die Ihr Herz zufrieden stellt. Und wenn Sie keine Antwort für sich finden, dann sprechen Sie mit anderen Menschen darüber, mit Freunden und Freundinnen, mit einem Therapeuten, mit einem Priester, mit Menschen, die Erfahrung in der geistlichen Begleitung haben oder mit einem Theologen. Die Theologie versteht ja ihre Aufgabe darin, nicht irgendein dogmatisches System zu entwerfen, sondern die Fragen zu beantworten, die Menschen umtreibt. Auf manche Fragen werden Sie keine Antwort finden, auch nicht von einem anderen. Dann sollten Sie es aushalten, ohne Antwort zu leben. Indem Sie weiter fragen, kann sich in Ihrem Herzen langsam eine Antwort bilden. Vielleicht hilft es Ihnen, in Ihre Fragen hinein Worte der Bibel zu sprechen oder in der Bibel zu lesen. Dann kann sich durch die Konfrontation mit biblischen Worten in Ihnen eine ganz persönliche Antwort formen.

Viele Fragen in diesem Buch zielen auf ein ganz konkretes Handeln: Was soll ich tun? Es gibt Situationen im Leben, da kann ich nicht immer warten, bis ich von außen eine klare Antwort bekomme. Stellen Sie in einer solchen Lage die Frage nach dem rechten Tun und halten Sie Ihre Frage in Ihrem Herzen Gott hin. Er wird Ihnen keine klare oder schnelle Antwort geben, keine, die Sie getrost nach Hause tragen können. Es liefe ja auf einen infantilen Gehorsam hinaus, wenn Gott uns auf alles antworten würde und uns klar vorschriebe, was wir zu tun haben. Doch im Gebet kann sich in Ihnen ein Gespür entwickeln für das, was Sie tun und wie Sie sich entscheiden sollen. Trauen Sie Ihrem Gefühl. Gott spricht zu Ihnen durch Ihr Gewissen, durch Ihr Gefühl, durch Ihren Leib und oft auch durch Ihre Träume. Sie sind also nicht allein gelassen mit Ihren Fragen. Gott antwortet Ihnen. Sie müssen nur gut hinhorchen und in sich selbst hineinhören. Dort, wo mehr Liebe, Friede, Lebendigkeit, Freiheit und Weite ist, dort finden Sie die rechte Antwort auf Ihre Fragen, dort finden Sie Gottes Willen, der Ihnen gut tut und Sie zu dem einmaligen Leben führt, das Er Ihnen zugedacht hat.

Ich wünsche Ihnen, dass die Antworten, die ich in diesem Buch zu geben versucht habe, Sie anregen, für sich selbst und auch auf Ihre Fragen, die nicht in diesem Buch angesprochen wurden, eine Antwort zu finden. Der Engel der Klarheit möge Sie dabei begleiten und Sie ermutigen, das zu tun, was Ihrem Wesen entspricht und was Sie zum Leben führt.

Was hilft gegen die Angst?
Nur die Liebe!

Anselm Grün
Verwandle Deine Angst
Ein Weg zu mehr Lebendigkeit – Spirituelle Impulse.
Großdruck Edition
260 Seiten | Paperback
ISBN 978-3-451-06420-3

Ängste können ein Leben in Fülle verhindern. Anselm Grün zeigt Wege auf mit diesen Ängsten umzugehen: mit seiner Angst ins Gespräch zu kommen, sein Herz aus der Enge zu befreien und neuen Mut zu schöpfen.

In jeder Buchhandlung

HERDER
Lesen ist Leben

www.herder.de

Vom Glück des Älterwerdens

Anselm Grün
Gelassen älter werden
Eine Lebenskunst
für hier und jetzt
256 Seiten | Paperback
ISBN 978-3-451-06346-6

Glücklich älter werden, das lässt sich lernen und einüben. Im Grunde geht es um die Kunst, bewusst zu leben. Neugierig sein auf das, was uns jeder Augenblick schenkt. Wenn wir in jeder Lebensphase, und auch im Alter, im Augenblick leben, im Wissen um die Kostbarkeit unserer Lebenszeit, dann wird es ein gelassenes Leben.

In jeder Buchhandlung

HERDER
Lesen ist Leben

www.herder.de